돈은 건강한 사회를 만드는 데 꼭 필요해요!

 '돈 교육'이 뭘까요? 단순히 '돈 버는 방법'을 가르치는 걸까요? 돈으로 '손해 보지 않는 방법'을 가르치는 걸까요? 아니면 자신만 이익을 얻도록 '돈 불리는 방법'만 가르치면 되는 걸까요?

 물론 세상을 살아가려면 돈에 관한 현실적인 정보가 필요할 때도 있어요.
 그런데 말이에요, 늘 이런 식으로 돈을 바라보고 생각하며 사는 사람이 정말로 행복할까요? 돈이란 오로지 벌어야 하고, 절대 손해 봐선 안 되고, 오로지 불리기만 하면 된다고 생각하는 사람을 과연 멋진 어른이라고 할 수 있을까요? 만일 여러분이 이런 사고방식을 지닌 어른에게 '돈 교육'을 받는다면 어떨까요?

이 책이 전하는 메세지는 '돈은 사회의 혈액'이라는 사실입니다.

건강하고 아름다운 사회를 만드는 데 꼭 필요한 '돈'을 어떻게 바라봐야 할까요? 한번 깊이 생각해 보시기 바랍니다.

내가 좋아하는 일을 하면서 돈을 버는 기쁨.
내가 좋아하는 일을 통해서 사회에 공헌할 수 있는 기쁨.
내가 좋아하는 사회를 응원할 목적으로 투자하는 기쁨.

돈을 어떻게 벌고, 불리고, 쓸 것인지 결정하는 문제는 아주 중요해요. 그리고 그 결정에 세상을 더 건강하고 아름답게 만들려는 '마음'과 사람을 행복하게 해 주고 싶은 '바람'이 더해진다면 돈을 이야기하는 것은 아주 근사한 일이 될 것입니다.

야기 요코

차례

시작하며 · 2

제1장 물건의 가격은 어떻게 정해져요?

수요와 공급 ··················· 8
수요와 공급에 따른 가격 차이 ··················· 10
외환 시장 ··················· 12
원화 강세와 원화 약세 ··················· 14
경기 ··················· 16
인플레이션과 디플레이션 ··················· 18
<실제 사례> 초인플레이션을 겪은 세계의 나라들 ··················· 20
경기 변동 ··················· 22
<실제 사례> 깜짝 놀랄 물건의 가격 ··················· 24
원가 ··················· 26
<칼럼> '돈'에 관한 명언! ❶ ··················· 28

제2장 미래의 돈은 어떻게 돼요?

카드 결제 ··················· 30
전자 결제 ··················· 32

편리한 점과 위험한 점 ·· 34
암호 화폐 ·· 36
암호 화폐의 역사 ··· 38
옛날에 이런 돈이? ·· 40
★칼럼★ '돈'에 관한 명언! ❷ ··· 42

✦제3장✦ 은행에서는 무슨 일을 해요?

은행의 역할 ·· 44
은행의 구조 VS 이자의 구조 ····································· 46
은행의 3대 업무 ··· 48
중앙은행 ··· 50
★칼럼★ '돈'에 관한 명언! ❸ ··· 52

✦제4장✦ 투자로 돈을 불릴 수 있어요?

투자와 저금 ·· 54
회사와 미래를 생각한다 ·· 56
주식회사와 주식 ··· 58

| 알아봐요! 내가 할 수 있는 투자 ········· 60
| 크라우드 펀딩(Crowd funding) ········· 62
| 칼럼 '돈'에 관한 명언! ❹ ········· 64

✦ 제5장 ✦ 세금과 사회 보장 제도가 뭐예요?

세금 ········· 66
세금을 찾아봐요! ········· 68
세금은 종류가 다양해요! ········· 70
세금의 쓰임 ········· 72
부가가치세 ········· 74
신기한 세금 모여라! ········· 76
사회 보장 제도 ········· 78
연금 제도 ········· 80
용돈 모으기 대작전! ········· 82
칼럼 '돈'에 관한 명언! 특집 ········· 86

행복한 어른이 될 여러분에게 보내는 메시지! · 88
마치며 · 90

✦ 수요와 공급 ✦

물건을 '갖고 싶어 하는 사람'과
그 물건을 '팔고 싶어 하는 사람'의 균형이 중요해요!

갖고 싶은 사람 < 팔고 싶은 사람 = 가격이 내려간다.
갖고 싶은 사람 > 팔고 싶은 사람 = 가격이 올라간다.

물건의 가격을 결정하는 요인은 다양해요. 그중에서 특히 중요한 요인은 '수요와 공급의 균형'이에요. '수요'를 간단히 설명하면 어떤 물건을 갖고 싶어 하는 욕구랍니다. '공급'은 물건을 팔고 싶다는 욕구이고요.

물건을 갖고 싶어 하는 사람보다 팔고 싶은 사람이 더 많으면 시중에 물건이 남을 거예요. 이렇게 수요보다 공급이 많을 때는 가격이 내려가요. 반대로 물건을 갖고 싶어 하는 사람이 팔고 싶은 사람보다 많으면 물건은 부족해져요. 수요가 공급보다 많으면 가격은 올라가지요.

하지만 때로 가격이 많이 오르면 '갖고 싶지만 너무 비싸. 안 살래!' 하는 사람도 생길 거예요. 가격이 너무 비싸서 사지 않는 사람이 많아지면 수요와 공급에 따라 다시 가격이 조정됩니다. 결국, 사고 싶은 사람과 팔고 싶은 사람 모두 인정할 수 있는 적절한 가격이 정해지는 거죠. 이것이 '수요와 공급의 균형'이에요.

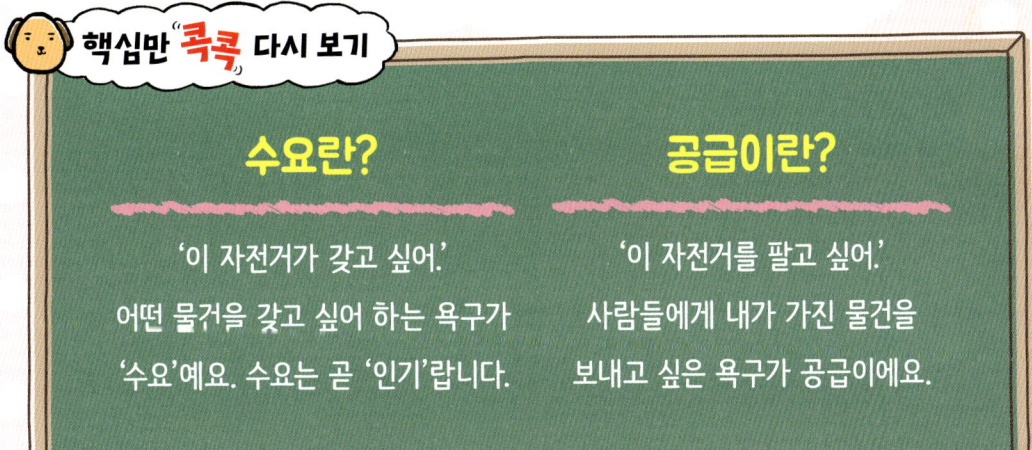

핵심만 콕콕 다시 보기

수요란?
'이 자전거가 갖고 싶어.'
어떤 물건을 갖고 싶어 하는 욕구가 '수요'예요. 수요는 곧 '인기'랍니다.

공급이란?
'이 자전거를 팔고 싶어.'
사람들에게 내가 가진 물건을 보내고 싶은 욕구가 공급이에요.

수요와 공급에 따른 가격 차이

🐸 산 위에서는 왜 가격이 더 비싸져요?

운반비도 들어가고, 상품의 수량도 적기 때문이에요. 똑같은 주스라도 마트보다 산꼭대기에서 파는 주스가 더 비쌀 때가 있어요. 왜 그럴까요? 잘 생각해 보세요. 누군가 산꼭대기까지 주스를 날랐을 거예요. 차가 다닐 수 없는 산길이라면 사람이 직접 짊어지고 산을 올라야 해요. 산꼭대기까지 운반하는 것도 힘들고, 또 많은 수량을 나르기도 어려워요. 수량이 적은 데다 운반하는 데 더 많은 노동력이 드니 산꼭대기에서는 가격이 비쌀 수밖에 없답니다.

🐸 똑같은 물건인데 왜 편의점과 슈퍼마켓의 가격이 달라요?

편의점에서는 편리함도 함께 팔기 때문이에요. 슈퍼마켓보다 편의점의 물건값이 좀 더 비싼 것은 사실이에요. 여기에는 이유가 있답니다. 편의점은 동네 곳곳에 있고, 24시간 영업하기 때문에 매우 편리해요. 우리는 편의점에서 물건을 살 때 이런 편리함을 함께 사는 거예요. 가게가 제공하는 것은 상품만이 아니에요. 편리함과 쾌적함 같은 서비스도 함께 제공하지요. 여러분은 물건만 사고 싶은가요, 아니면 서비스도 함께 받고 싶은가요?

황금연휴나 명절에 왜 여행 요금이 비싸져요?

연휴에는 여행을 떠나고 싶어 하는 사람이 늘어나기 때문이에요. 황금연휴나 명절에는 휴가를 즐기는 가족이 많아요. 모처럼 얻은 긴 휴가에 여행을 떠나고 싶어 하는 사람이 많아질 거예요. '수요와 공급의 균형'에 빗대어 생각하면 수요가 공급보다 훨씬 많은 상태인 거죠. 그래서 여행 요금이 올라가는 거예요. 수요와 공급의 균형이 이뤄진 결과랍니다.

물건값이 싼지, 비싼지는 단순히 가격만 보고 판단하면 안 돼요. 무엇에 가치를 두고 값을 치를지 따져 보는 것도 중요하답니다!

✦ 외환 시장 ✦

원화의 가치는 매일 달라져요!

원화의 가치는 '수요와 공급의 균형'으로 달라져요.
그리고 원화의 가치는 가격에 영향을 주기도 해요.

"오늘의 외환 시장은……."이라고 시작하는 뉴스를 들어 본 적이 있을 거예요. '외환 시장'은 예컨대 한국의 통화인 '원'이 미국의 통화 '달러'에 대해 오늘의 시세는 어느 정도인지 정하는 곳이에요. 외환 시장에서는 원과 달러의 관계뿐만 아니라 전 세계 모든 화폐의 상대적인 가치를 결정한답니다. 중요한 것은 '원화뿐 아니라 세계 모든 화폐의 가치는 항상 바뀐다.'는 거예요. 예를 들면, 오늘은 1달러가 1,000원의 가치였는데 내일은 1달러가 1,100원의 가치로 변하기도 해요. 가치가 달라지는 이유는 '수요와 공급의 균형' 때문이에요. 원화를 달러로 바꾸고 싶은 사람이 많아지면 달러의 가치가 높아지고, 반대로 달러를 원화로 바꾸고 싶은 사람이 많아지면 원화의 가치가 높아져요. 원화 가치의 변동은 물건값에 영향을 주기도 한답니다.

핵심만 "콕콕" 다시 보기

원화의 가치는 어떻게 달라져요?

갖고 있는 원화를 달러로 교환하고 싶은 사람이 많아지면 달러의 가치가 높아져요. 반대로 가지고 있는 달러를 원화로 바꾸고 싶은 사람이 많을 때는 원화 가치가 높아지고요. '수요과 공급의 균형' 때문이지요. 교환하고 싶다는 것은 곧 갖고 싶다는 말이에요. 인기가 많다는 뜻이랍니다.

✦ 원화 강세와 원화 약세 ✦

'원화 강세'와 '원화 약세'라는 말을 들어 봤나요?
'원화 강세', '원화 약세', 즉 원화 가치는
가격에 영향을 미치기도 한답니다!

'원화 약세'일 때는 수입품 가격이 비싸져요!

1달러에 1,000원이었던 원화 가치가 1달러에 1,100원으로 바뀌면 '원화 약세'라고 말해요. 원화의 숫자가 올라갔는데 원화 약세라니, 조금 이상하지요. 하지만 이렇게 부르는 데에는 다 이유가 있답니다.

　맛있는 1달러짜리 미국 과자가 있다고 해 볼까요? 원화가 1달러에 1,000원일 때는 1,000원만 있으면 그 과자를 살 수 있어요. 하지만 1달러 1,100원일 때는 과자를 사는 데 1,100원이 필요해요. 결국, 같은 물건을 사는 데 더 많은 원화가 필요한 거예요. 이 상태는 원화의 가치가 내려갔다고 할 수 있어요. 그러니까 원화 약세 상태인 거예요. 반대로 1달러가 900원이 되면 '원화 강세'라고 말합니다.

　수입품이나 혹은 외국에서 재료를 수입해 만든 물건을 살 때, 원화 약세 상태가 되면 물건값이 오르는 것은 이런 사정 때문이랍니다.

핵심만 "콕콕" 다시 보기

원화 약세란?

1달러에 1,000원이었던 원화가 1달러에 1,100원, 혹은 그 위로 올라간 상태를 말해요. 1달러와 교환하려면 더 많은 원화가 필요할 테니, 원화의 가치가 떨어진 상태예요.

원화 강세란?

1달러에 1,000원이었던 원화가 1달러에 900원, 혹은 그 아래로 내려간 상태를 말해요. 이럴 때는 적은 원화로도 1달러와 교환할 수 있어요. 즉, 원화의 가치가 올라간 상태예요.

✦ 경기 ✦

'경기가 좋다.', '경기가 나쁘다.'라는
말을 들어 봤나요?
경기가 좋으면 물건값도 올라갈까요?

경기의 좋고 나쁨은,
시중에 돌고 있는 돈의 양으로 결정돼요!

회사가 돈을 벌지 못하면 직원들 임금도 잘 오르지 않아요. 임금이 오르지 않으면 물건을 사지 않고 돈을 절약하면서 견디는 사람이 늘어나요. 그럼 당연히 시중에 도는 돈의 양도 줄어들 거고요. 이런 상태를 '경기가 나쁘다.' 다른 말로 '불경기'라고 해요. 반대로 회사가 돈을 잘 벌어서 임금이 오르면 물건을 사는 사람이 많아지고 시중에 돈도 많이 돌 거예요. 이런 상태를 '경기가 좋다.' 또는 '호경기'라고 합니다.

'경기'란 시중에 돈이 얼마나 돌고 있는가를 말하는 것이지 물건값이 오르거나 내리는 것을 뜻하는 건 아니에요. 물론 경기가 좋아지면 물건을 사는 사람이 많아져, 물건값이 올라가기도 한답니다. 경기가 계속 좋으면 좋겠지만 경기는 늘 변해요. 모든 나라가 호경기와 불경기를 되풀이하면서 성장하고 있지요. 하지만 불경기가 계속되면 정부와 국가의 중앙은행이 '재정 정책'과 '금융 정책'을 마련합니다.

핵심만 콕콕 다시 보기

경기 동향 지수란?

경기 동향 지수는 물가와 실업률 등을 반영한, 경기의 흐름을 판단하는 기준이에요. 하지만 경기를 숫자로 정확하게 나타내기는 어려워요. 특히 요즘은 노동이나 상품의 대가를 돈이 아닌 다른 방식으로 치르는 일도 있거든요. 그러면 시중에 도는 돈의 양만으로 경기를 판단하기는 더욱 어려워져요. 어쩌면 생활의 만족도로 경기를 판단하는 편이 더 정확할지도 몰라요.

재정 정책
'정부'가 시행하는 정책이에요.

금융 정책
'중앙은행'이 시행하는 정책이에요.

✦ 인플레이션과 디플레이션 ✦

'인플레이션'은 물건의 가격이 오르는 것,
'디플레이션'은 물건의 가격이 내려가는 것!
어느 쪽이 좋은 걸까요?

어느 쪽이 '좋다' '나쁘다'의 문제가 아니라, 그런 상태라는 현실을 아는 것이 중요해요!

'인플레이션'은 앞에서 말한 호경기와 관계가 있어요. 경기가 좋아지면 임금이 올라갈 거고, 그럼 물건을 사는 사람도 늘어날 거예요. 많은 사람이 물건을 사면 수요와 공급의 법칙에 따라 물건값이 올라갈 거고요. 이렇게 물건값이 올라가는 상태를 인플레이션이라고 합니다. 적당한 인플레이션은 좋은 상태이지만 과도한 인플레이션은 다른 문제를 불러일으킨답니다. 물건값이 오르면 물건을 만드는 데 필요한 재료비도 올라가요. 재료를 나르는 운반비도 올라갈 테고요. 이렇게 모든 가격이 계속 오르면 임금이 오르지 않은 사람들은 물건을 살 수가 없게 될 거예요.

한편, 물건값이 내려가는 '디플레이션' 상태가 되면 임금도 줄어들어요. 임금이 줄어들면 물건을 잘 사지 않기 때문에 물건값이 더 떨어지겠죠. 모든 가격이 계속 내려가는 악순환(디플레이션 소용돌이)이 되면 불경기가 올 수도 있답니다.

핵심만 "콕콕" 다시 보기

과도한 인플레이션 상태가 되면 어떻게 돼요?

인플레이션이 극심한 상태를 '초인플레이션'이라고 해요. 초인플레이션이 되면 그 나라의 화폐가 신용을 잃어요. 짐바브웨에 초인플레이션이 온 적이 있어요. 그때 100조 짐바브웨 달러가 발행됐답니다. 엄청난 액수지만 급속도로 물가가 치솟은 탓에 만들어진 지폐라서, 갖고 있다 해도 절대 부자가 아니었어요. 100조 짐바브웨 달러로 생필품을 사야 하는 초인플레이션 상태, 정말 끔찍하지 않나요?

초인플레이션을 겪은 세계의 나라들

돈의 가치가 대폭락하다

1988년

🇦🇷 아르헨티나

1988년 무렵에 시작된 아르헨티나의 초인플레이션은 돈을 너무 많이 찍어 낸 것이 원인이었어요. 그해의 물가는 전년보다 자그마치 5,000배나 상승했다고 합니다. 다음해인 1989년까지도 초인플레이션이 안정되지 않자, 아르헨티나의 경제는 대혼란에 빠지고 말았어요. 아르헨티나 화폐는 신용을 잃었고, 국민들이 집 안에 보관해 둔 돈, 즉 '장롱예금'은 휴지 조각이나 다름없었죠. 1993년 무렵, 초인플레이션은 일단 진정되었지만 그 후로도 아르헨티나는 비슷한 상황을 되풀이하고 있어요. 초인플레이션은 정말로 무서운 경제 상황이랍니다.

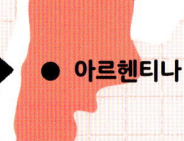

● 아르헨티나

1992년

🇷🇺 러시아

지금의 러시아는 '소비에트 연방(소련)'이라는 큰 나라의 일부였어요. 1991년, 소련이 붕괴하고 지금의 러시아가 탄생한 거예요. 러시아는 소련이 무너진 후, 경제 상황이 혼란해지면서 초인플레이션을 맞았어요. 1992년의 물가가 그 전년 대비 26배나 상승했답니다. 예를 들면 얼마 전까지 1,000원이었던 초콜릿 가격이 무려 26,000원으로 오른 거예요. 얼마나 힘든 상황일지 짐작이 가나요? 여러분도 초콜릿 가격이 엄청나게 비싸지는 건 싫죠?

2008년

🇿🇼 짐바브웨

짐바브웨는 1980년에 독립한 아프리카의 한 나라예요. 독립한 짐바브웨 정부는 그동안 자신들을 지배했던 백인 농장주를 해외로 쫓아냈어요. 그러면서 농사를 짓는 농가가 부족해졌고, 자연히 농작물도 부족해졌어요. 그 영향으로 2000년 무렵부터 인플레이션이 시작되었고, 8년 뒤인 2008년에는 물가가 수백만 배나 치솟았어요. 그 후에도 물가 상승이 멈추지 않자, 결국 100조 짐바브웨 달러를 발행하게 된 거예요. 결과적으로 짐바브웨 경제는 파탄이 난 거죠.

✦ 경기 변동 ✦

'경기는 항상 변동한다.
그리고 세계 경제도 매년 성장한다.'
이 말의 의미를 생각해 볼까요?

세상이 움직이는 한, 아무것도 하지 않으면 위험이 따른답니다!

'제행무상'이라는 말을 들어 본 적이 있나요? 한 마디로 설명하자면, '세상에 변하지 않는 것은 없다.'라는 의미예요. 경제와 돈의 세계도 마찬가지랍니다. 경기는 계속 변동합니다. 물건값이 여러 가지 요인으로 계속 변한다는 이야기는 앞에서도 여러 번 했죠? 세계 경제는 매년 성장하고 있고요.

그렇다면 집 안의 금고에 돈을 오랜 시간 보관해 두면 어떻게 될지 잠깐 생각해 볼까요? 예를 들어, 여러분이 금고에 10만 원을 보관해 두고 10년 후에 꺼내 쓸 거라고 해 봐요. 지금은 10만 원으로 게임기를 살 수 있지만 10년 뒤에는 물가가 올라서 10만 원으로 게임기를 못 살 수도 있어요. 돈을 소중히 여기는 것은 참 중요해요. 하지만 경제가 계속 성장하는 한, 돈도 경제 성장에 맞춰 계속 자란다는 사실을 꼭 기억하세요.

핵심만 "콕콕" 다시 보기

미래를 살아가는 데 어느 정도의 위험은 따르기 마련

미래를 아는 사람은 없어요. 무슨 일이 일어날지 알 수 없어서 미래인 거예요. 생각해 보면 이 '알 수 없다'는 사실 자체가 '위험'이라고도 할 수 있어요. 결국, 인간은 위험을 안고 살아가는 셈이지요. 돈도 마찬가지예요. 돈을 소중하게 보관하는 것은 중요해요. 하지만 돈에 여유가 생겼을 때, 그 일부를 경제 성장에 맞춰 키우려는 노력도 중요하답니다.

 **실제 사례**

깜짝 놀랄 물건의 가격

경제 성장에 따라 가격도 달라집니다.

경제가 성장하고 돈의 가치가 변하면서 물건의 가격도 달라진답니다. 라면을 예로 들어 볼게요. 지금으로부터 약 50년 전, 라면 한 봉지 가격은 10원이었어요. 그 이후로 경제 성장에 따라 라면 가격도 쭉 올랐답니다. 물론 앞으로 다가올 미래에도 가격이 변할 가능성은 있습니다.

라면 가격은 이렇게 변해 왔어요!

1963년
10원 → 50원 → 100원 → 300원 → 400원 → 480원 → 520원 → 600원 → 750원 → 810원
2021년

※ 삼양라면 가격 기준 (출처: 〈헤럴드경제〉)
http://biz.heraldcorp.com/view.php?ud=20151221000310

어른이 되면
나도 타고 싶어!

가족이 함께 가면
즐거워!

택시 기본 요금

1963년	30원
1966년	60원
1970년	80원
1974년	160원
1979년	400원
1981년	600원
1989년	800원
1995년	1,000원
2001년	1,600원
2013년	3,000원
2019년	3,800원

※ 서울시 택시 요금 기준 (출처: 서울연구원, https://www.si.re.kr/node/46758)

대중 목욕탕 요금

1960년	20원
1965년	30원
1974년	130원
1979년	800원
1985년	950원
1992년	2,000원
2000년	4,000원
2009년	5,000원
2016년	6,400원
2021년	7,400원

※ 성인 요금 기준 (출처: 〈한국일보〉 https://m.hankookilbo.com/News/Read/201802151872472971)

✦ 원가 ✦

초콜릿 한 상자를 만드는 데 돈이 얼마나 들까?

상품 가격을 결정할 때, '원가'는 매우 중요해요!

초콜릿 한 상자를 만들려면 설탕과 카카오 등 여러 가지 재료가 필요해요. 거기에 맛있는 맛을 내는 전문 기술자도 필요하고요. 완성된 초콜릿을 넣을 상자와 포장지를 디자인하는 디자이너도 있어야 해요. 포장까지 끝난 초콜릿을 가게로 운반하는 사람도 중요하지요. 이렇게 하나의 상품을 완성하기 위해서는 많은 사람의 노력과 그 만큼의 비용이 들어간답니다.

상품을 만드는 데 들어간 모든 비용을 '원가'라고 해요. 원가의 기준은 회사마다 조금씩 다르지만 물건을 원가보다 저렴한 가격으로 판매하면 그 회사는 적자가 날 거예요. 가게에서 상품 가격을 봤을 때, '이 상품은 왜 이 가격일까?' 하고 생각해 보는 습관을 들이는 것도 좋아요. 그러면 만들기 어려워 보이는 상품은 값이 좀 비싸더라도 '어쩔 수 없지.' 하고 받아들일 수 있을 거예요.

핵심만 콕콕 다시 보기

원가란?

상품을 제조할 때 드는 재료비와 인건비, 운반비를 원가라고 해요. 원가는 상품 가격을 결정하는 중요한 기준이에요. 상품을 원가보다 낮은 가격으로 판매하면 적자가 날 테니까요. 원가가 비싼 상품은 판매 가격도 비싸지요. 모든 회사에서 원가를 계산한 후에 적자가 나지 않도록 물건값을 결정한답니다.

> 두툼한 지갑이 무조건 좋다고 말할 수는 없다. 그러나 텅 빈 지갑은 확실히 나쁘다.

탈무드

유대인 율법학자들의 말과 해설을 모아 발전시킨 책. 오늘날까지 유대인 정신문화의 원천으로 높이 평가되는 책이다.

돈을 마냥 좇으며 사는 사람이 옳다고 할 수는 없어요. 하지만 돈을 가볍게 여기는 사람 역시 옳다고 할 수는 없어요. 건강하고 행복한 삶을 위해서 돈은 꼭 필요하니까요.

소크라테스
(기원전 470년 무렵
~기원전 399년)

고대 그리스의 철학자. '너 자신을 알라.'라는 말로 유명하다.

> 부자가 아무리 부를 자랑하더라도 그가 부를 어떻게 쓰는지를 알기 전에 그를 칭찬해서는 안 된다.

돈이 많은 부자를 대단하다고 말하기 전에 그 사람이 돈을 어떻게 쓰는지 보세요. 돈 씀씀이로 그 사람의 됨됨이가 드러나는 법이에요.

✦ 카드 결제 ✦

현금이 없어도 물건을 살 수 있어요!
카드 결제에는 세 가지 방식이 있답니다.

요즘은 지폐나 동전을 갖고 다니지 않아도 얼마든지 물건을 살 수 있는 시대예요. 현금 없이 물건을 사는 가장 흔한 방법은 바로 카드 결제예요. 카드 결제는 세 종류로 나눌 수 있답니다. 먼저, '선불'로 결제하는 방법이 있어요. 대표적인 예는 '티 머니' 같은 교통카드와 백화점, 마트 전용 카드예요. 카드에 미리 돈을 충전해 두고 결제하는 방식이지요. 두 번째는 '직불'이에요. '체크 카드'가 가장 대표적인 직불 방식이지요. 체크 카드는 물건을 사는 순간 바로 나의 은행 계좌에서 돈이 빠져나가 거든요. 마지막, '후불'의 대표적인 예는 '신용 카드'예요. '이 사람은 나중에 확실하게 지불한다.'는 신용으로 물건을 사고 나중에 돈을 지불하는 방식이에요. 다만, 신용 카드는 선불이나 직불과 달리 '지금 돈이 없어도 나중에 지불하면 돼.' 하며 마구 써 버릴 확률이 높아요. 그러면 빚더미에 오르기 쉬우니 주의해야 해요.

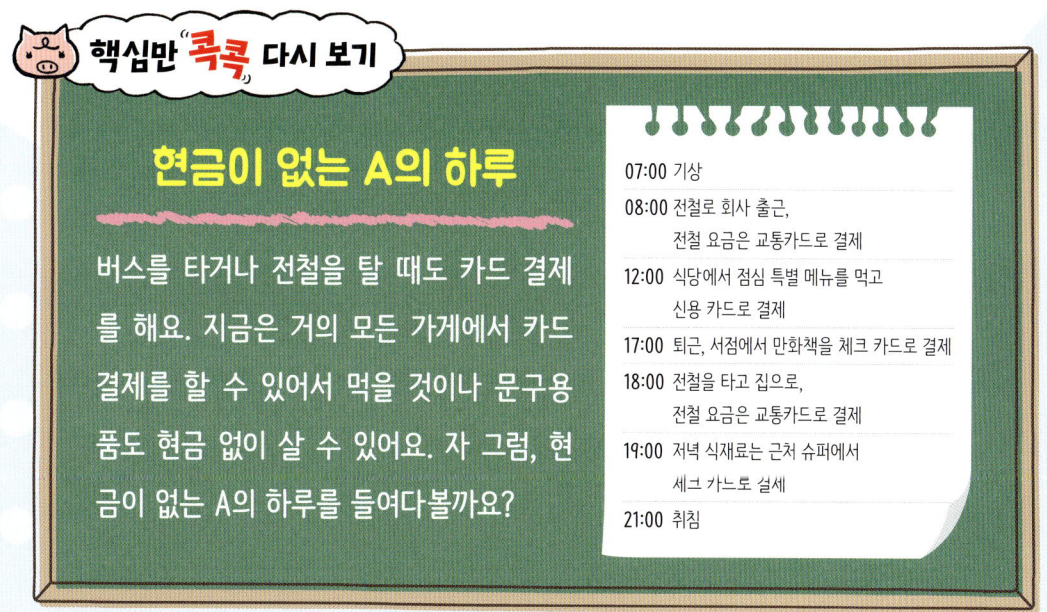

핵심만 "콕콕" 다시 보기

현금이 없는 A의 하루

버스를 타거나 전철을 탈 때도 카드 결제를 해요. 지금은 거의 모든 가게에서 카드 결제를 할 수 있어서 먹을 것이나 문구용품도 현금 없이 살 수 있어요. 자 그럼, 현금이 없는 A의 하루를 들여다볼까요?

- 07:00 기상
- 08:00 전철로 회사 출근, 전철 요금은 교통카드로 결제
- 12:00 식당에서 점심 특별 메뉴를 먹고 신용 카드로 결제
- 17:00 퇴근, 서점에서 만화책을 체크 카드로 결제
- 18:00 전철을 타고 집으로, 전철 요금은 교통카드로 결제
- 19:00 저녁 식재료는 근처 슈퍼에서 체크 카드로 결제
- 21:00 취침

✦ 전자 결제 ✦

'카드', 'QR 코드', '바코드', 'IC(집적 회로) 칩' 등 다양한 기술로 현금 없이도 결제할 수 있어요.

단순한 암호 같지만, 그 안에는 엄청난 기술이 들어 있어요!

전자 결제 시스템은 카드 회사와 전자 결제 서비스 회사에서 만들고 관리하고 있어요. 여러 회사에서 만드는 만큼 시스템도 다양해요. 예컨대, 신용 카드에는 자석의 한 종류인 검정색 자기 테이프가 붙어 있답니다. 이곳을 통해 카드 대금을 인출할 은행 계좌 정보를 읽어 내요. 또 대중교통을 이용할 때 사용하는 교통카드에는 'IC 칩'이 붙어 있는데, 거기에 전철이나 버스를 타고 내린 시각과 충전 후 잔액 등 자세한 정보가 기록돼 있어요. 그밖에도 스마트폰 애플리케이션에서 흔히 볼 수 있는 'QR 코드'와 '바코드'도 실은 엄청난 기술이에요. 단순한 암호나 선으로 보이지만 그 안에는 많은 자료가 들어 있어요. 전자 결제 시스템은 이렇게나 다양해요. 하지만 그 안에 담긴 정보를 읽어 내 결제하는 구조는 모두 비슷하답니다.

핵심만 "콕콕" 다시 보기

미래에는 '얼굴만'으로 물건을 살 수 있다!?

전자 결제의 기술은 진화하고 있고, 언젠가는 자기 테이프나 QR 코드 없이 얼굴만으로 물건을 살 수 있는 시대가 올지도 몰라요. 가게에서 사고 싶은 물건과 함께 기계에 얼굴을 보여 주면 여러분이 어디에 사는 누구인지, 또 은행 계좌 등 개인 정보까지 읽어 내 물건을 살 수 있게 되는 구조이지요. 이미 몇몇 마트와 편의점에서 실험 중이랍니다.

✦ 편리한 점과 위험한 점 ✦

현금을 주고받지 않는 결제는 편리해요!
하지만 그 이면에는
많은 위험이 도사리고 있어요.

카드나 스마트폰으로 하는 전자 결제의 핵심은 '모든 자료를 주고받는다'는 거예요. 예컨대, 인터넷 쇼핑 사이트에서 물건을 살 때는 신용 카드 번호와 비밀번호를 입력해야 해요. 하지만 인터넷 세계에는 통신망에 침입하여 그 정보를 도둑질하는 사람, 즉 '해커'도 숨어 있어요. 그들이 시스템에 몰래 들어가 여러분의 소중한 정보를 훔쳐 범죄에 이용하거나 피해를 줄지도 몰라요. 실제로 훔친 전자 결제 정보로 큰돈을 빼 간 사건도 있었답니다.

IC 칩이 부착된 카드도 주의해야 해요. 만약 나쁜 사람이 여러분의 카드를 줍기라도 한다면 돈을 맘대로 써 버릴지 몰라요. 만일 카드를 잃어버리거나 누군가 훔쳐 갔다면 곧장 카드 회사에 연락하도록 해요! 현금처럼 눈에 보이지는 않아도 전자 화폐도 소중한 돈이라는 걸 절대 잊으면 안 됩니다.

핵심만 콕콕 다시 보기

나의 소중한 정보를 지키는 방법!

계좌를 쪼갠다!
계좌가 하나뿐이라면 이상한 거래가 발생했을 때 전 재산이 사라질 수도 있어요. 하지만 계좌가 두 개 이상이면 어느 한쪽의 돈은 무사할 거예요. 돈을 나누어 보관하는 것도 하나의 방법이랍니다.

사용 이력을 확인!
저축해 둔 세뱃돈이 절반이나 사라진 사실을 나중에 알게 되면 소용없잖아요. 돈을 사용한 기록을 꼼꼼하게 기록해 두는 게 좋아요. 기억나지 않는 거래를 발견했다면 특히 주의할 것!

✦ 암호 화폐 ✦

인터넷으로 전 세계 사람들과 돈을 주고받을 수 있다!
암호 화폐(가상 화폐)가 뭐예요?

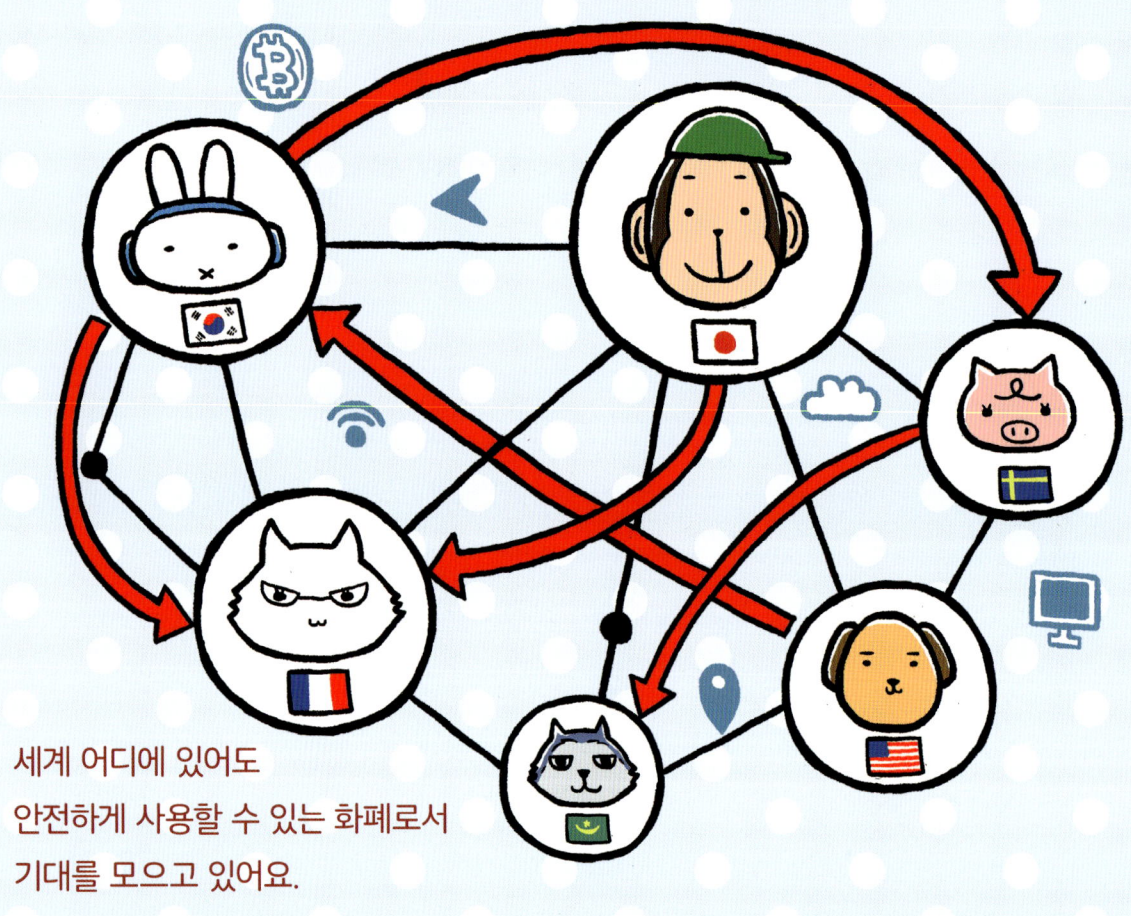

세계 어디에 있어도 안전하게 사용할 수 있는 화폐로서 기대를 모으고 있어요.

암호 화폐는 인터넷에서 생겨난 암호화된 디지털 화폐예요. 암호 화폐의 종류는 아주 다양한데, 그중에서 가장 유명한 것은 '비트코인'이랍니다. 비트코인은 원화나 달러화와 다르게 전 세계 어디에서나 거래할 수 있어요. 예컨대, 한국에서 멀리 떨어진 브라질에 어려움을 겪는 사람에게 돈을 보내고 싶다면 '원화'를 브라질 돈 '헤알'로 바꿔야 해요. 게다가 환전 수수료도 들고요. 하지만 암호 화폐는 교환하지 않고 그대로 송금할 수 있답니다.

원화나 달러화는 나라의 경제 상황에 따라 가치도 변동해요. 만약 나라의 경제가 나빠져서 원화나 달러화 같은 전통 화폐의 가치가 내려간다 해도 암호 화폐는 영향을 받지 않는답니다. 암호 화폐의 또 다른 특징은 화폐의 움직임을 감시하는 기술인 '블록체인'이 있어 함부로 훔치려 해도 그럴 수가 없다는 거예요.

핵심만 "콕콕" 다시 보기

'ㄸ·ㅈ·ㄱ·ㅎ·ㅇ·ㅊ·ㄱ'가 무슨 의미일까요?

여기서 암호 화폐 퀴즈!

'ㄸ·ㅈ·ㄱ·ㅎ·ㅇ·ㅊ·ㄱ', 이 말의 의미가 뭘까요? 정답은 어떤 말의 초성이에요. 바로, '땅·짚·고·헤·엄·치·기'예요. 암호 화폐는 이처럼 규칙, 그러니까 암호를 정하고 이 암호를 알고 있는 사람들이 공유할 수 있는 돈이라는 의미랍니다.

🔒 암호 화폐의 역사

원래는 인터넷 게임에서 사용됐던 가상 화폐

암호 화폐는 역사가 아주 짧아요. 생겨난 지 고작 10년 정도밖에 되지 않았답니다. 원래는 인터넷 게임 속에서 사용하던 가상 화폐였어요. 게임에 참여해 준 것에 대한 고마움을 표현하기 위해서 전 세계 게임 플레이어에게 준 화폐였답니다. 진짜 돈은 아니지만 게임 속에서 비슷한 기능을 했던 거예요.

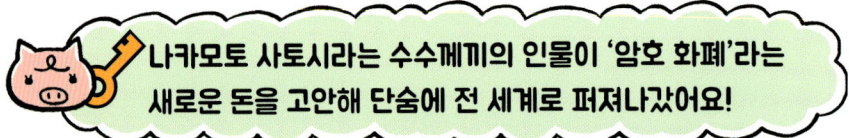
나카모토 사토시라는 수수께끼의 인물이 '암호 화폐'라는 새로운 돈을 고안해 단숨에 전 세계로 퍼져나갔어요!

2008년, 나카모토 사토시는 세계 최초의 암호 화폐 비트코인을 개발한 사람이에요. 또 암호 화폐의 움직임을 감시하는 '블록체인' 기술의 창시자이기도 합니다. 나카모토 사토시가 전 세계 사람들이 비트코인을 사용한다면 국경과 상관없이 언제든지 직접 주고받을 수 있다는 내용의 아홉 쪽짜리 논문을 쓰자, '미래의 돈'에 마음이 움직인 사람들이 많은 양의 비트코인을 사들이기 시작했어요. 요즘 한국에도 이런 암호 화폐를 사들이는 사람이 아주 많답니다.

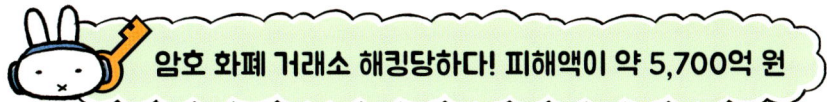
암호 화폐 거래소 해킹당하다! 피해액이 약 5,700억 원

기대를 모았던 암호 화폐였지만 현실은 그리 만만치 않았어요. 2018년 6월, 한국의 암호 화폐 거래소인 '코인레일'이 해킹을 당한 거예요. 그 당시 약 500억 원의 돈이 사라졌어요! 그 전에도 2018년 1월, 일본의 '코인 체크'라는 교환소에서 '넴(NEM)'이라는 암호 화폐가 해킹을 당하면서 자그마치 약 5,700억 원에 이르는 피해가 발생했고요. 아직은 암호 화폐가 안전하다고 단정할 수 없답니다.

2018년에 이름을 새롭게 바꾸다! 여전히 진화를 계속하는 암호 화폐

돈을 벌 수 있다!? 암호 화폐가 단지 나라에서 발행하는 돈보다 '신뢰'할 수 있다는 이유만으로 인기를 끄는 건 아니랍니다. 실은 주식처럼 팔거나 사면 이익이 생기기 때문에 돈을 벌려는 사람들이 많이 사는 거예요. 돈을 버는 것은 나쁘지 않지만, 자칫 투자에 실패하여 큰 손해를 보는 일이 생길 수도 있어요. 어떤 형태든 돈은 신중하게 써야 한다는 사실만 기억하면 여러분도 돈에 있어서는 지혜로운 어른이 될 수 있답니다.

옛날에 이런 돈이!?

아주 오랜 옛날부터 사람은 필요한 것을 얻기 위해서 물물교환을 했어요.

아득한 옛날, 돈이라는 것이 없었던 시대가 있었어요. 그때는 생선이 먹고 싶으면 가지고 있는 사람에게 "내 고기와 교환할까요?"라고 묻고, 상대가 동의하면 생선을 얻을 수 있었어요. "난 고기는 필요 없어요."라며 상대가 동의하지 않으면 교환하지 못하기도 했답니다. 그래서 내가 교환하려는 물건과 가치가 같은 것은 무엇인지, 내 물건이 필요한 사람은 누구인지 고민하며 적당한 물건을 교환 도구로 삼았던 거예요.

나라와 지역마다 다양한 물건이 돈의 역할을 했어요.

중국

조개껍데기

고대 중국에서 조개는 귀중품이었어요. 그래서 개오지와 같은 조개를 '패화'라는 돈으로 썼답니다. '패화'는 중국 이외에도 인도와 아프리카에서도 쓰였어요.

칼·농기구 모양을 한 금속 화폐

조개 외에도 청동으로 만든 칼 모양을 한 '도폐'도 교환 도구로 널리 이용됐어요. 또 밭을 가는 가래와 같은 농기구 모양의 '시전'도 있었답니다.

고대 로마

소금

전쟁이 잦았던 로마 시대에는 병사의 임금이 놀랍게도 소금이었어요. '임금이 소금뿐!?'이라고 생각할지도 모르겠군요. 하지만 소금은 사람이 살아가는 데 없어서는 안 돼요. 지금도 널리 쓰이는 '샐러리맨(월급쟁이)'의 '샐러리(월급)'도 소금에서 나온 말이랍니다.

동아프리카

소·양·염소

동아프리카에서는 사육하는 소와 양, 염소 같은 동물이 식재료가 아닌 물건과 교환하는 화폐로 취급됐어요.

미크로네시아

거대한 돌

오세아니아의 야프섬에서는 작게는 30센티미터, 크게는 3미터나 되는 돌로 만든 돈이 있었어요. 돈의 모양이 둥글고, 안에 구멍이 뚫린 이유는 거기에 통나무를 꿰어 운반하기 위해서였다고 해요. 크면 클수록 가치가 있었다고 해요.

돈이 아닌 것으로 어떻게 물건과 교환할 수 있었을까요?

조개껍데기와 거대한 돌로 갖고 싶은 것을 손에 넣을 수 있었다니, 참 신기하죠? 그 이유는 이런 사물들이 모든 사람에게 '공통의 가치'로서 신뢰를 얻었기 때문이에요. 다시 말해서, 조개껍데기를 갖고 싶어서가 아니라 그것이 있으면 채소와 교환할 수 있기 때문에 썼던 것이지요. 지금 여러분이 쓰고 있는 돈과 같은 원리랍니다.

스티브 잡스
(1955년~2011년) — 미국의 기업가. '애플'의 공동 창립자 중 한 사람.

> "
> 무덤에서 제일 부자가 되는 일 따위는 내게 중요하지 않다.
> 밤마다 잠자리에 들 때, '우리는 멋진 일을 했어.'라고 말할 수 있는 것,
> 나에게는 그것이 중요하다.
> "

돈을 죽어서 무덤까지 가져갈 수 없어요. 내가 죽고 난 후에 돈이 얼마나 많은지보다 '어떻게 살았는지'가 더 중요하다는 말이랍니다.

> "
> 20대 때보다 열 배 이상 부유해진
> 60대를 찾는 건 쉽다.
> 하지만 그들 중 누구도 열 배 더
> 행복해졌다고 말하지는 않는다.
> "

조지 버나드 쇼
(1856년~1950년) — 아일랜드의 문학가, 극작가, 정치가. 많은 작품 중에서도 〈피그말리온〉이라는 희곡이 널리 알려졌다.

부자가 된다면 자신뿐 아니라 남들과 사회도 함께 행복해지는 게 좋겠죠? 돈이 많아지면 그만큼 더 '행복해!'라고 말할 수 있도록 돈을 잘 쓰도록 해요!

✦ 제3장 ✦
은행에서는 무슨 일을 해요?

✦ 은행의 역할 ✦

은행에 맡기기만 해도 돈이 불어난다는 게 정말이에요?

왜일까…?

은행은 단지 돈을 보관만 하는 게 아니고, 맡겨 준 '대가'로 돈을 불려 줘요.

엄마와 아빠가 은행의 ATM(현금 자동 인출기)에서 돈 찾는 것을 본 적이 있죠? 버튼 몇 번만 눌러도 돈이 나오는 걸 보면 참 신기하지 않나요? 물론 그냥 주는 게 아니라 은행에 맡겨 둔 내 돈을 꺼내는 거예요. 그런데 말이에요, 어른들은 왜 돈을 집에 보관하지 않고 은행에 맡기는 걸까요?

물론 돈을 집에 두면 도둑맞을 수도 있지요. 하지만 더 중요한 이유가 있어요. 그건 은행에 돈을 맡기기만 해도 돈이 저절로 불어나기 때문이랍니다. 은행은 돈을 맡긴 사람에게 '이자'라는 대가를 지불해요. 은행은 사람들이 맡긴 돈을 필요한 사람이나 회사에 빌려주고 그들에게 이자를 받거든요. 이자율은 은행에 따라 달라서, 돈을 맡길 때는 여러 은행을 비교해 보는 것도 중요해요.

핵심만 "콕콕" 다시 보기

하지만 이자는 고작 1퍼센트

맡기기만 해도 돈이 불어난다니 은행은 정말 대단한 곳이 아닌가요? 옛날에는 이자의 비율이 맡긴 금액의 20퍼센트나 됐을 때도 있었어요. 하지만 차츰 줄어들어 현재 일반 예금의 금리는 겨우 1퍼센트랍니다. 다시 말해, 100만 원을 맡기면 1년 후에 1만 원을 이자로 준다는 말이에요. 1년에 이자 만 원은 그리 큰 돈이 아닌데 말이에요. 하지만 돈이 불어나는 건 분명하니 안 맡길 수도 없고……. 어려운 문제군요.

은행의 구조

이자는 '맡겨 줘서 감사합니다!'라는 고마움의 표시

앞에서도 설명한 대로 은행이 여러분의 돈을 단지 보관만 해 주는 것은 아니에요. 돈을 맡겨 줘서 감사하다는 고마움을 표현하는 '이자'가 붙는답니다. 하지만 그 금액이 너무 적기 때문에 돈이 별로 불어나지는 않아요.

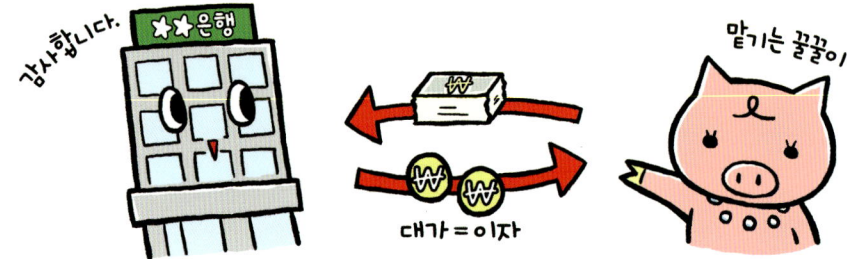

Q. 그럼, 은행은 이렇게 이자를 줘도 괜찮은 건가요?
A. 은행은 돈을 빌려주고 '이자'를 받는답니다.

많은 사람에게 이자를 줘도 은행이 망하지 않는 이유는 무엇일까요? 은행은 여러분들이 맡긴 돈을 '돈을 빌리고 싶어 하는 사람'에게 빌려준다고 했죠? 이를테면, 집이나 차처럼 큰돈이 드는 물건을 사고 싶은 사람에게 빌려주는 거예요. 그럼 이번에는 빌려준 사람이 은행에 빌려줘서 고맙다는 의미의 대가를 준답니다. 이때의 대가도 역시 '이자'라고 해요.

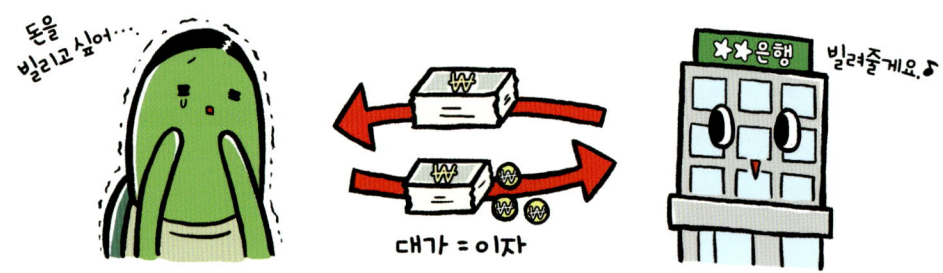

이자의 구조

돈을 맡긴 사람에게 주는 돈보다 빌려주는 사람에게 받는 돈이 더 많아요!

은행이 망하지 않는 가장 큰 이유가 바로 이거예요. 물론 은행에 따라 대출 이자율과 예금 이자율은 다르지만, 기본적으로 은행이 주는 이자보다 받는 이자가 더 많아요. 돈을 빌린 사람에게 받은 이자로 돈을 맡긴 사람에게 이자를 줘도 많이 남는 거지요. 이것이 은행이 돌아가는 구조랍니다.

Q. 은행은 사람들이 맡긴 돈으로 돈을 버는데 나쁜 건가요?
A. 아니에요, 그 차액으로 일하는 사람이 임금을 받을 수 있는 거예요.

이 구조를 알게 되면, 은행은 사람들이 맡긴 돈으로 돈을 벌기 때문에 나쁘다고 생각할 수도 있어요. 하지만 은행이 돈을 많이 벌어서 무조건 쌓아 두기만 하는 건 아니에요. 그렇게 번 돈은 은행에서 여러분의 돈을 안전하게 지키는 사람들의 임금이 되기도 해요. 이 구조는 은행만 그런 것은 아니에요. 어떤 회사든 돈을 버는 만큼 회사를 위해서 일하는 사람에게 노동의 '대가(임금)'를 주고 경제를 돌아가게 한답니다.

✦ 은행의 3대 업무 ✦

은행의 3대 업무는 '예금', '대출', '환'이에요. 다양한 사람들의 돈으로 경제를 돌아가게 해요.

돈을 맡아 보관하는 것뿐만 아니라,
계좌 사이의 돈거래도 은행에서 하는 중요한 일이에요.

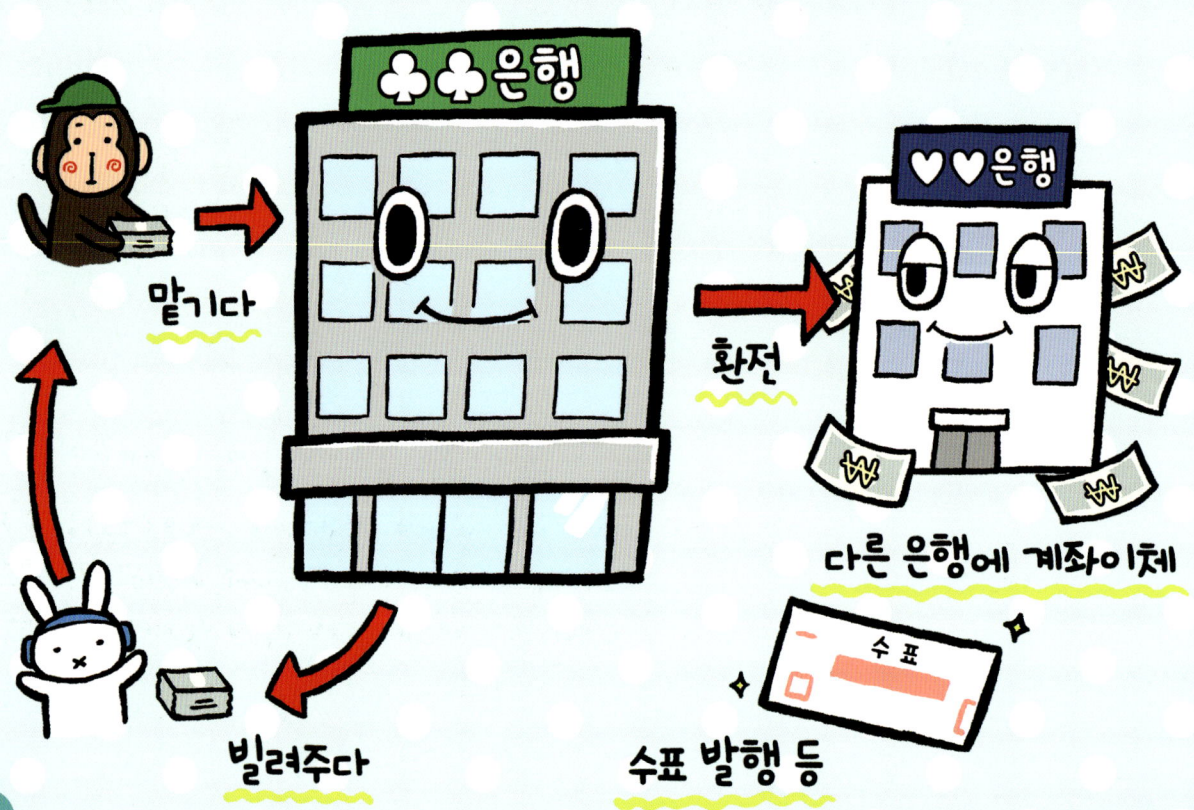

은행의 역할 중에 사람들의 돈을 맡아 주는 '예금'과 돈이 필요한 사람에게 빌려 주는 '대출'이 있다는 것은 앞에서 공부했죠? 사실은 한 가지 더 중요한 일을 하고 있어요. 바로 '환'이에요. 아, 어려운 경제 뉴스에나 나올 법한 외국 돈에 관한 이야기라고 생각하는 사람이 있을지 모르겠군요. 하지만 여기에서 말하는 환은 달라요.

요즘에는 일을 하면 임금이 은행 계좌로 입금되고, 카드로 물건을 사면 물건값이 은행 계좌에서 빠져나갑니다. 이렇게 은행을 이용해 누군가의 계좌에 이체하거나, 계좌에서 출금하는 작업을 '환'이라고 해요. 만약 '환' 작업을 하는 사람이 없으면 우리 생활은 아주 불편할 거예요. 은행에서 아주 중요한 일을 하고 있는 거지요. 이렇게 '예금', '대출', '환'이 은행의 3대 업무랍니다.

핵심만 "콕콕" 다시 보기

은행 이외에도 많은 금융 기관이 있어요.

요즘은 인터넷으로만 돈거래를 할 수 있는 '인터넷 은행'도 인기예요. 또 특정 지역의 중소기업과 주민들만 이용할 수 있는 '신용 금고', 주거 지역이나 직장의 조합에 가입한 사람들에게 예금, 대출을 해 주는 '신용 협동조합'도 있어요. 우체국에서도 우편 업무 이외에 예금과 대출 보험 등의 다양한 업무를 한답니다.

✦ 중앙은행 ✦

돈을 발행할 수 있는 유일한 은행을
'중앙은행'이라고 하며,
여기에서 이자율, 즉 '금리'를 조정해요

금리란 이자를 계산하기 위한 비율이며 퍼센트(%)로 표시해요.

우리 주변에 은행이 많지만, 지폐나 동전을 만들 수 있는 은행은 '중앙은행'밖에 없어요. 한 나라의 중심 은행을 '중앙은행'이라고 해요. 한국의 원화는 중앙은행인 한국은행에서만 찍을 수 있죠. 한국은행은 한국조폐공사에 의뢰해 돈을 발행하고 있어요.

한국조폐공사에서는 한국은행이 필요한 때에 의뢰한 금액만큼 돈을 만들어 한국은행으로 보내요. 돈을 계획 없이 매일 찍어 내지는 않아요. 돈을 너무 많이 찍으면 경제가 혼란스러워지니까요. 너무 적게 찍어도 안 돼요. 그래서 중앙은행은 경제 혼란이 생기지 않도록 나라의 돈이 어떻게 움직이는지 항상 확인하면서 찍는 매수를 정한답니다. 그럼으로써 경제가 균형 있게 움직이고, 그 영향으로 물건의 가격도 달라지는 거예요. 중앙은행은 정말 중요한 기관이랍니다.

핵심만 콕콕 다시 보기

중앙은행은 정부에서 독립된 기관!

한국은행은 정부에서 독립된 기관이에요. 만약 한국 경제가 어려움에 빠졌을 때, 정치인 누군가가 "우선 돈을 많이 찍어 냅시다!"라고 주장한다면, 정말 돈을 찍어야 할지도 몰라요. 그런데 이게 가장 좋은 방법일까요? 그렇지 않아요. 돈을 너무 많이 찍어 버리면 인플레이션이 발생할 테니까요. 그래서 한국은행이 정치인의 말이나 정부에 흔들리지 않고 냉정한 판단을 내릴 수 있도록 독립 기구로 만든 거예요.

돈에 관한 명언! 3

아이다 미츠오
(1924년~1991년)

일본의 시인, 서예가. '서예 시인' '생명의 시인'으로 불렸다.

> " 돈이 인생의 전부는 아니지만 돈이 있으면 편리합니다. 없으면 불편하겠지요. 나는 편리한 쪽이 좋습니다. "

돈은 없으면 불편하지만 그렇다고 돈이 인생의 전부가 돼서도 안 되겠죠? 돈을 어떻게 쓰느냐가 중요하답니다.

> " 돈은 거름과 같아서 뿌리지 않으면 썩기 쉽다. "

프랜시스 베이컨
(1561년~1626년)

영국의 철학자, 신학자, 정치가, 귀족. "아는 것이 힘이다."라는 명언을 남겼다

'거름'이란 비료를 말해요. 손에 들고만 있지 말고 '돈을 비료처럼 이용하여 다양한 것에 도전해 보라'는 말이에요!

✦ 투자와 저금 ✦

돈을 '키우는' 것을 '투자'라고 해요.

돈을 모으는 것뿐만 아니라, 돈을 '일하게 하는 것'이 중요해요!

돈을 번다고 하면 일을 해서 임금을 받는 것만 생각하기 쉬워요. 하지만 이것 외에도 돈을 버는 방법이 있답니다. 바로 '투자'예요. 투자는 돈이 '일을 하게 하는 것'이라고도 할 수 있지요. 번 돈으로 아무것도 하지 않으면 돈은 줄어들지도 불어나지도 않을 거예요. 투자를 하면, 예를 들어 어느 회사의 주식을 사면 돈을 키울 수 있어요.

통장에 돈을 넣어 두기만 하고 투자를 하지 않는 사람도 있지만 이렇게 저금만 하는 것에는 '위험'이 따른답니다. 내가 가진 돈의 액수가 달라지는 건 아니지만 인플레이션으로 돈의 가치가 하락할 가능성이 있으니까요. '아무것도 하지 않는 위험'인 셈이죠. 물론 투자의 위험도 적지 않아요. 하지만 돈으로 돈을 불려 나가는 것은 여러분의 미래에도 도움이 되는 일이랍니다.

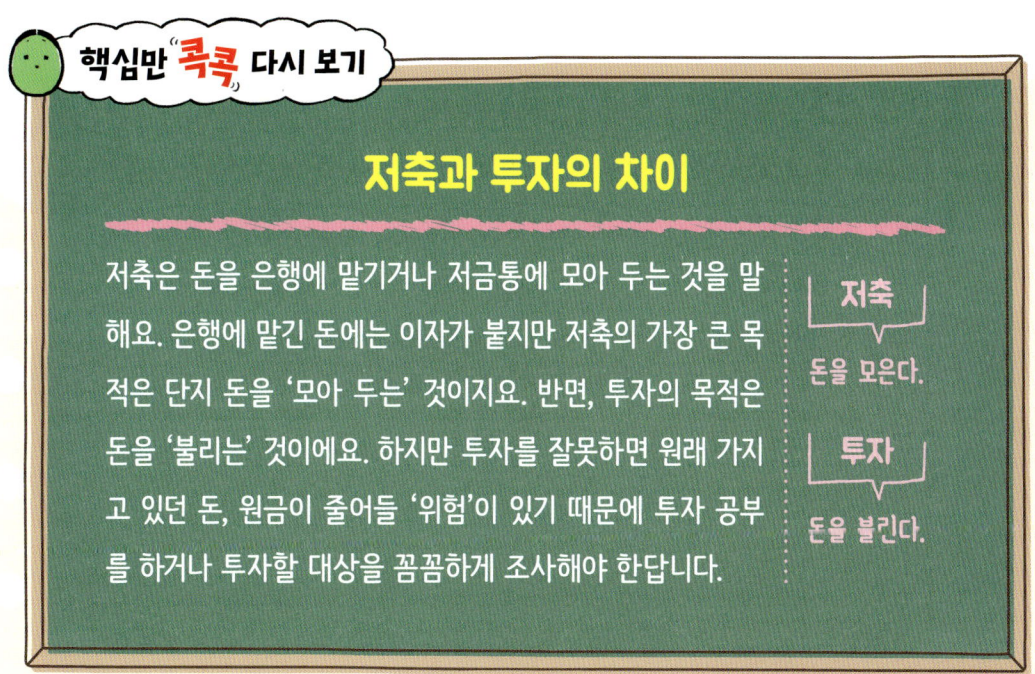

저축과 투자의 차이

저축은 돈을 은행에 맡기거나 저금통에 모아 두는 것을 말해요. 은행에 맡긴 돈에는 이자가 붙지만 저축의 가장 큰 목적은 단지 돈을 '모아 두는' 것이지요. 반면, 투자의 목적은 돈을 '불리는' 것이에요. 하지만 투자를 잘못하면 원래 가지고 있던 돈, 원금이 줄어들 '위험'이 있기 때문에 투자 공부를 하거나 투자할 대상을 꼼꼼하게 조사해야 한답니다.

저축 — 돈을 모은다.
투자 — 돈을 불린다.

✦ 회사와 미래를 생각한다 ✦

투자는 '회사를 응원하는 일'이에요.

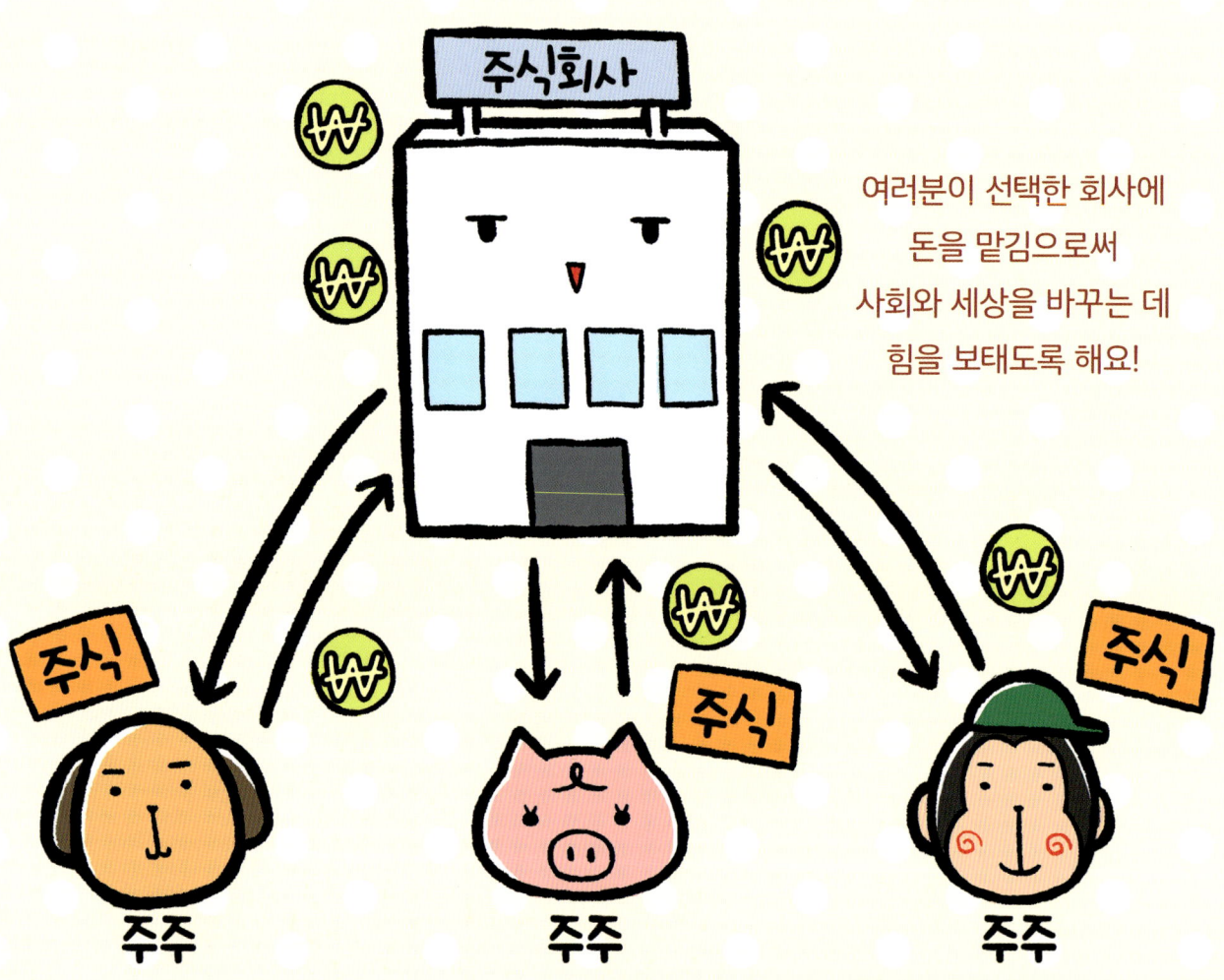

여러분이 선택한 회사에 돈을 맡김으로써 사회와 세상을 바꾸는 데 힘을 보태도록 해요!

투자할 회사를 고르는 요령은 응원하고 싶은 회사를 선택하는 거예요. 회사에 돈을 투자한다는 것은 곧 그 회사를 지지하는 것이랍니다. 회사는 여러분이 투자한 돈으로 열심히 일할 테니까요.

투자할 회사를 찾을 때는 나와 관련 있는 회사부터 살펴보세요. 예컨대, 여러분이 아이스크림을 좋아한다면 아이스크림 회사를 조사해 보는 거예요. 내가 좋아하는 아이스크림 브랜드가 오랫동안 나오길 바란다면 그 회사에 투자해 보세요. 내가 투자한 아이스크림 브랜드를 발견하면 '지금은 어떤 상품이 있을까?' 하고 궁금해질 거예요. 투자란 회사를 응원하고, 그 회사에 관심을 기울이는 것이니까요. '이 회사는 돈을 잘 버네!'라면서 수익만 생각한다면 투자의 중요한 목적이 사라져요. 회사 홈페이지나 뉴스에 나오는 회사 정보를 챙겨 보는 것도 중요해요.

핵심만 "콕콕" 다시 보기

세상에 꼭 필요한 회사에 투자하도록 해요!

자동차를 만드는 회사가 있다고 해요. 한 곳은 효율화를 중시하여 배기가스를 많이 배출하는 회사이고, 또 한 곳은 규모는 작아도 배기가스와 환경오염을 줄이려는 회사예요. 여러분은 둘 중 어느 회사를 응원하고 싶은가요? 장차 어느 회사가 크게 성장할지, 그 미래는 아무도 알 수 없어요. 그래서 투자를 할 때는 여러분의 판단이 중요하답니다.

✦ 주식회사와 주식 ✦

투자의 한 종류인 '주식'은 '주식회사'가 발행하는 거예요.

주식의 구조와
주식의 가격이 변동하는
이유를 설명할게요!

가장 널리 알려진 투자 방법은 바로 '주식 투자'예요. 주식 투자란, 주식회사의 '주식'을 사고파는 것을 뜻해요. 주식회사는 사람들에게 주식을 팔아 모은 돈으로 회사를 운영한답니다. 이때 주식을 산 사람을 '주주'라고 하는데, 주주는 회사에 중요한 사람들이에요. 주주를 위해서 '주주 총회'가 열리지요. 주주 총회 때는 모든 주주가 한자리에 모여서 이익을 배당하고, 회사의 임원을 뽑기도 합니다.

주식을 사거나 파는 곳을 '주식 시장'이라고 하고, 주식의 가격(주가)은 채소나 고기 가격처럼 매일 달라져요. 돈을 잘 버는 회사이고, 그 회사 주식을 갖고 싶어 하는 사람이 많으면 주가는 올라갑니다. 수요와 공급의 법칙에 따라서요.

그 회사가 잘돼서 나온 수익은 투자한 사람들에게 일정한 기준에 따라 나눠 주는데, 이걸 '배당'이라고 해요. 많은 사람이 돈을 내면 그만큼 많은 돈이 모여 회사는 다양한 사업에 계속 도전할 수 있답니다.

핵심만 "콕콕" 다시 보기

'주주 우대' 혜택이 있었어요!

주주 우대란 배당금 이외에 회사가 주주에게 주는 '선물'을 말해요. 이 제도로 한때 많은 주주가 혜택을 받았지만, 요즘에는 거의 사라졌어요. 한국의 주식 시장이 외국인에게 개방되면서 주주 총회에 참석하기 어려운 외국인들을 차별한다는 이유였지요. 다만, 라면이나 과자, 햄처럼 유통기한이 긴 식품을 파는 회사에서는 최소한의 혜택을 제공하고 있어요.

알아봐요!

내가 할 수 있는 투자

투자의 종류   투자에도 여러 종류가 있어요.
여기에서는 대표적인 몇 가지만 소개할게요!

① 주식 투자

주식회사에서 발행하는 주식을 사는 방법이에요. 주식은 종목마다 살 수 있는 수량이 있는데 보통 1주, 10주 단위로 사고판답니다. 주식 거래를 하기 위해서는 증권 회사에서 계좌를 개설해야 해요.

② 투자 신탁

투자 신탁은 투자 전문가에게 돈을 맡기고 대신 투자를 부탁하는 방법으로, 소액으로도 투자할 수 있어요. 이때 전문 투자자를 '펀드 매니저'라고 불러요. 펀드 매니저가 나 대신 내 자산을 운용하고 거기서 얻은 이익을 투자자에게 나누어 주는 거예요. 단, 아무리 전문가라 하더라도 이익을 내지 못할 수도 있으니 반드시 돈을 번다고 보장할 수는 없답니다.

엄마 아빠와 함께 의논하면서 실제로 투자를 해 봐요!

어린이 펀드로 투자 공부
한국의 시중 은행에는 다양한 어린이 맞춤형 펀드가 준비되어 있어요. 어린이의 눈높이에 맞춰서 '자산 운용 보고서'를 발행하는 펀드도 있고, 수익이 생겼을 때 내야 하는 각종 세금을 면제해 주는 펀드도 있답니다. 이번 기회에 어린이 펀드를 알아보면서 투자 공부도 하고, 부모님과 함께 은행에 들러 직접 가입해 보는 것은 어때요?

어린이 주식 계좌 만드는 방법!
은행이나 증권 회사에 가면 주식 계좌를 만들 수 있어요. 계좌를 만들 때는 본인의 주민등록번호가 나온 기본증명서와 도장, 부모님의 신분증과 부모님과 가족임을 증명하는 가족관계증명서가 필요해요. 요즘은 계좌를 만들어 스마트폰 애플리케이션과 연동을 시키면 애플리케이션을 통해서 주식을 사고팔 수 있답니다.

투자 모의 게임

가상의 돈을 이용하여 실제 주가로 주식 거래를 체험할 수 있는 게임과 애플리케이션이 있답니다. 즐기면서 주식 투자를 배울 수 있어 실제로 투자하기 전에 이런 방법으로 체험해 보는 것도 추천합니다.

③ 국채 투자

국가가 발행하는 '채권'을 사는 방법이에요. 채권은 국가나 지방 자치 단체, 회사 등이 필요한 자금을 조달하기 위해 발행하는 증권이에요. 즉, 국채를 사는 것은 '국가에 돈을 빌려주는' 것과 같답니다. 국채는 크게 네 종류가 있답니다.

★ **국채의 종류**

국고채	한국 채권 시장을 대표하는 채권으로, 정부의 각 기금이나 회계에 필요한 자금을 공급하기 위해 발행하는 국채예요.
재정증권	정부의 일시적인 재정 부족 자금을 마련하기 위해 발행하는 채권으로, 이자가 없는 할인채입니다.
외국환평형기금채권	이름이 어렵지만 쉽게 말하면, 외화 자금을 안정적으로 조절하기 위해 정부가 발행하는 채권이에요.
국민주택채권	국민 주택 사업에 필요한 자금을 마련하기 위해 발행하는 채권이에요. 집이나 자동차를 살 때 의무적으로 사야 하는 채권이랍니다.

✦ 크라우드 펀딩(Crowd funding) ✦

내 돈이 줄어들거나 손해 보는 건 싫어요!
손해 보지 않는 방법은 없어요?

괜찮아

수익과 손실만 따지는 건 바람직하지 않아요!

인터넷 사이트나 소셜 네트워크 서비스로 돈을 모으는 '크라우드 펀딩'을 알고 있나요? 크라우드 펀딩은 대중을 뜻하는 '크라우드(Crowd)'와 자금 조달을 뜻하는 '펀딩(Funding)'을 조합한 용어예요. 개인이나 기업이 생각한 아이디어를 실현시키기 위해 자금을 모으는 방법으로, 기부형, 대출형, 투자형 등이 있어요. 크라우드 펀딩의 종류는 다양하지만, 모두 아이디어를 응원하고 싶은 사람이 돈을 낸다는 건 똑같아요.

크라우드 펀딩을 비롯한 투자의 목적은 회사를 응원하는 거잖아요? '수익이 났어!', '손해를 봤어!'라고 손익만 따지기보다 여유를 갖고 오랜 시간 지켜보는 것이 투자를 잘하는 요령이랍니다. 멀리 내다보고 돈이 불어날 것 같은 '좋은 회사'를 찾는 거지요.

핵심만 "콕콕" 다시 보기

최대의 투자는 '공부하는 것'과 '일하는 것'

투자에는 다양한 방법이 있지만 가장 좋은 투자는 여러분이 '공부하는 것'과 장차 어른이 돼서 '일하는 것'이에요. '일은 돈에게 시키고, 나는 놀면서 살 거야.'라는 생각은 안 돼요. 좋은 회사를 찾는 것, 돈을 어떻게 써야 하는지 아는 것, 스스로 일해서 돈 버는 힘을 기르는 것……. 이렇게 자신의 힘을 키우는 것이 가장 큰 '투자'랍니다.

돈에 관한 명언! ❹

조셉 머피
(1898년~1981년)

아일랜드 출신의 종교가이자 작가. 《머피의 법칙》이라는 책으로 유명하다.

> 돈은 눈에 보이지 않는 풍요로움을 눈으로 보게 해 준다.

돈에는 그 돈이 자신의 것이 되기까지의 '과정'이 담겨 있어요. '눈에 보이지 않는 풍요로움'이 무엇인지 생각해 보세요!

유대의 가르침

> 누구든 돈은 셋으로 나눠라. 3분의 1은 땅에 투자하고, 3분의 1은 사업에 투자하고, 나머지 3분의 1은 저축하라.

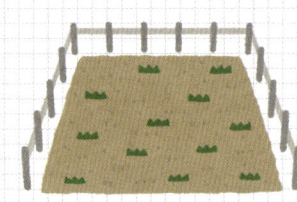

'유대'는 고대 유대인의 왕국이에요. 유대인을 예부터 자신이 가진 돈을 목적에 따라 나눠 쓰는 습관이 있었군요.

제5장

세금과 사회 보장 제도가 뭐예요?

세금

세금은 살기 좋은 사회를 만드는 데 꼭 필요한 소중한 돈이에요!

우리 주위를 잘 둘러보면 세금으로 산 것과
세금으로 만든 것이 아주 많답니다.

여러분이 학교에서 사용하는 교과서와 학용품, 그리고 체육 시간에 쓰는 뜀틀도 전부 세금으로 산 것이에요. 세금은 국가 혹은 지방 자치 단체에서 국민이나 주민에게 거두는 돈이에요. 세금을 내는 이유는 살기 좋은 나라와 마을을 만들기 위해서지요. 여러분이 걸어 다니는 도로와 신호등도 세금으로 만든 거고요. 다치거나 갑자기 사고가 났을 때 구조하러 오는 구급차와 불이 났을 때 달려오는 소방차도 세금 덕분에 유지할 수 있답니다.

'내가 일해서 번 돈을 빼앗기는 건 싫어!'라고 생각할지도 모르지만, 세금이 없으면 도둑이 들어도 경찰관이 오지 않을 거예요. 학교도 없을 거고, 도로도 엉망일 거예요. 그런 의미에서 세금으로 만들거나 생긴 것도 여러분의 것이나 마찬가지예요. 그러니 세금으로 사거나 만든 물건은 아끼고 소중히 다뤄야겠죠?

> 핵심만 콕콕 다시 보기

세금이 없으면 어떻게 돼요?

경찰관, 소방관, 시청이나 구청에서 열심히 일하는 공무원의 임금도 세금으로 줘요. 만약 세금이 없다면 지금 여러분이 무료로 받는 서비스에 돈을 내야 해요. 학교에 오갈 때 지나는 도로에도 통행료를 내야 하고요. 경찰관에게 도움을 받을 때도, 학교에 있는 물건을 쓸 때도, 횡단보도를 건널 때도 돈이 들 거에요. 세금을 내는 것만큼이나 세금의 쓰임을 아는 것도 중요합니다.

학교 안에서 세금을 찾아봐요!

국공립 학교는 세금으로 유지된답니다. 여러분이 매일 공부할 수 있는 것도 세금 덕분이에요. 세금은 국민의 소중한 돈이에요. 그러니 세금으로 산 물건은 더욱 소중히 써야겠죠?

여러분이 다니는 학교도 세금으로 지어진 거예요!

여러분은 매일 당연하게 학교에 다니고 있죠? 그런데 그 커다란 학교 건물은 누가 지어 준 걸까요? 물론 공짜는 아니랍니다. 여러분의 부모님을 비롯한 가족이 나라를 위해서 낸 세금으로 지어진 거예요. 체육관도, 도서실도, 운동장도 모두 세금으로 만들어진 거예요.

> 잘 생각해 봐요. 평소에 여러분이 학교에서 쓰는 물건은 누가 사 준 걸까요?

과학 실험 도구

과학실에는 많은 실험 도구가 있죠? 그 실험 도구도 전부 세금으로 사요. 즐거운 과학 실험도 세금 덕분에 할 수 있는 거예요.

교과서도 공짜가 아니에요!

수업 시간에 사용하는 교과서도 공짜가 아니에요. 교과서도 세금으로 산답니다. 그래서 모두 공평하게 쓸 수 있는 거예요.

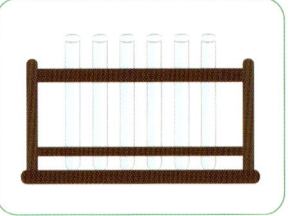

칠판과 칠판지우개

칠판도 칠판지우개도 세금으로 삽니다. 함부로 쓰면 안 되겠죠?

마을 안에서 세금을 찾아봐요!

여러분이 사는 동네 곳곳에 세금으로 지은 건물이나 시설이 있어요. 어떤 것들이 있을까 생각하면서 꼼꼼하게 찾아보면 새로운 것을 발견할 수 있을 거예요.

도서관 유지비

여러분 마을에도 도서관이 있죠? 책이 많은 도서관은 즐겁고 공부도 잘 될 거예요. 그 도서관 건물도, 그 많은 책도 모두 세금이에요.

모두가 사용하는 도로

도로도 세금으로 만든답니다. 도로가 없으면 이동하는 데 많이 불편할 거예요. 그런 마을에는 살고 싶지도 않을 거고요.

구급차와 소방차

구급차와 소방차의 운영비도 세금이에요. 불이 났는데도 소방차가 오지 않거나, 다쳐도 구급차가 오지 않는 마을은 상상도 하기 싫죠?

쓰레기 수거

일주일에 두어 번씩 오는 쓰레기 수거차도 세금으로 운영됩니다. 만약 쓰레기를 수거해 가지 않는다면 마을이 온통 쓰레기로 뒤덮이고 말 거예요.

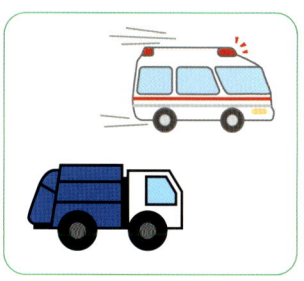

경찰관 월급

여러분이 사는 동네를 안전하게 지켜 주는 경찰관의 월급도 세금이에요. 경찰관이 타고 다니는 순찰차도, 경찰관 제복도 모두 세금이랍니다.

세금은 국민이 내는 소중한 돈이에요. 세금으로 만들거나, 세금으로 산 것은 소중하게 써야겠죠?

세금은 종류가 다양해요!

세금은 크게 '국세'와 '지방세'로 나누어져요.
국세는 내는 방식에 따라 '직접세'와 '간접세', 지방세는 '시·군세'와 '도세'로 나눌 수 있답니다.

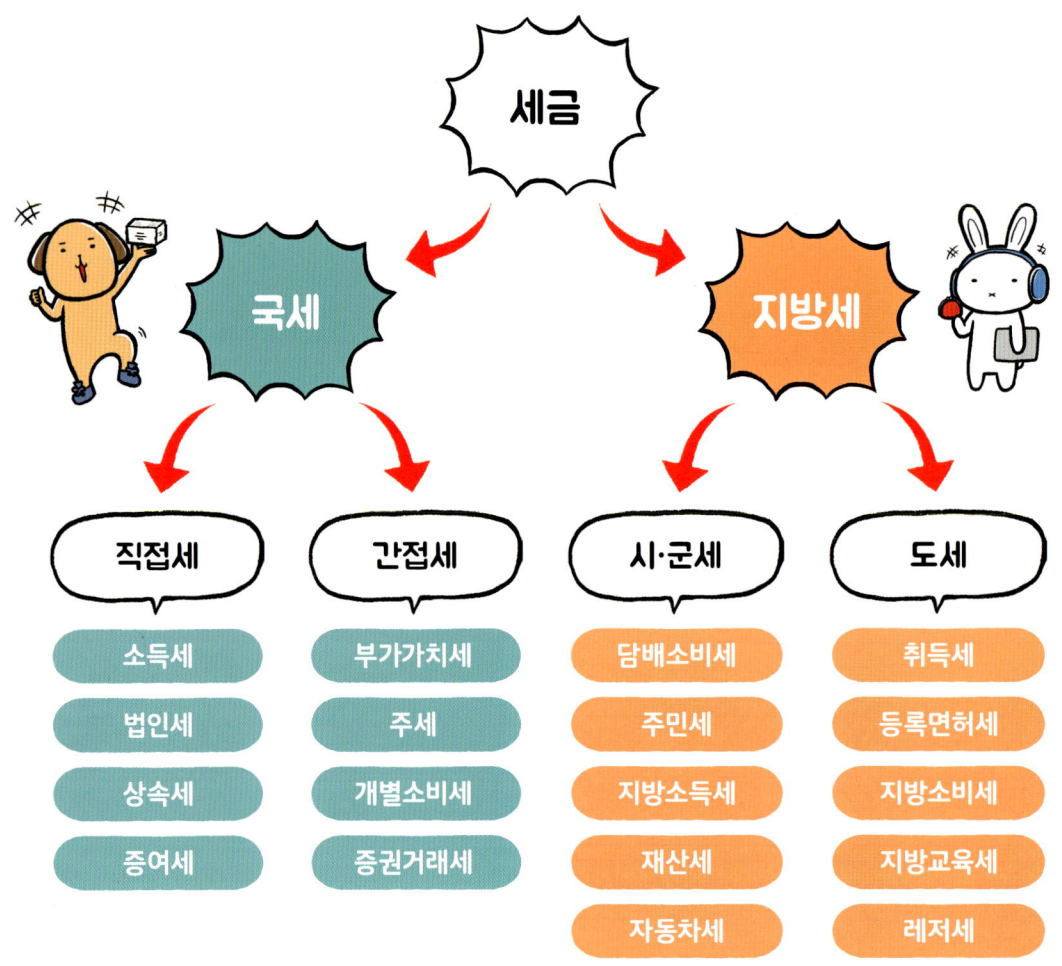

국세·지방세·직접세·간접세

'국세'는 중앙 정부에서 거두는 세금이고, '지방세'는 지방 자치 단체가 거두는 세금이에요. 또 국세에서 '직접세'는 세금을 부담하는 사람과 세금을 내는 사람이 같고, '간접세'는 세금을 부담하는 사람과 내는 사람이 다른 세금이에요.

✦ 세금의 쓰임 ✦

소중한 세금을 어떻게 쓸 것인지는 국민이 선거를 통해 뽑은 국회 의원이 결정해요!

국회 의원은
국민이 선거를 통해 뽑은
국민의 대표예요.
그 국회 의원들이
서로 의논하여
세금을 어떻게
쓸 것인지 결정합니다.

국민이 낸 소중한 세금은 국회 의원들이 서로 의논하여 어디에, 어떻게 쓸 것인지 결정합니다. 국회 의원은 국민의 선거로 선출된 사람들이에요. 국민을 대표해 국정을 수행하는 사람들이죠. 그래서 선거는 매우 중요해요. 어린이인 여러분에게는 아직 선거권이 없지만, 만 18세가 되면 선거에 참여할 수 있는 선거권이 생긴답니다. 지금은 세금의 올바른 쓰임과 실제로 알맞게 쓰였는지 알아보면서 공부하는 시간이에요. 세금을 어디에 쓸지 결정하는 국회 회의 모습이 텔레비전이나 인터넷으로 중계되니 그 과정을 보는 것도 도움이 돼요.

　무엇보다 세금이 마땅히 쓰여야 할 곳에 쓰이는지, 끝까지 관심을 두고 지켜보는 것이 중요해요. 소중한 세금의 쓰임을 꼼꼼하게 살피는 것은 국민의 의무랍니다.

세금은 주로 어디에 쓰여요?

세금을 어디에, 어떻게 쓸지는 선거를 통해서 선출된 국회 의원들이 국민을 대표해 결정해요. 하지만 실제로 어디에 어떻게 쓰이는지 궁금하죠? 세금이 가장 많이 쓰이는 곳은 '사회 보장'이에요. 사회 보장이란 모든 국민이 안심하고 건강한 삶을 살도록 세금으로 보장해 주는 제도예요. 내가 병에 걸리거나 다쳤을 때 의료비의 일부로 쓰이기도 하고, 노인과 몸이 불편한 사람들의 생활을 보호하기 위해서 쓰이기도 한답니다.

✦ 부가가치세 ✦

어린이도 세금을 내요?

어린이도 물건을 살 때 부가가치세를 낸답니다!

선거권이 있는 어른은 국회 의원이 자기의 뜻을 대신 주장할 수 있게 함으로써 세금을 어떻게 쓸지 간접적으로 결정할 수 있어요. 어린이는 국회 의원을 뽑을 수 없으니 세금 사용에 결정권이 없는 거나 마찬가지예요. 하지만 어린이도 세금을 낸다는 사실을 알고 있나요? 바로 '부가가치세'예요. 부가가치세란 국세의 하나로, 물건을 사거나 서비스를 이용했을 때 내는 세금이에요. 어른이든 아이든 부자든 가난한 사람이든 모두 똑같이 내는 세금이지요.

돈을 벌지도 않고 선거권도 없는 어린이가 세금을 내는 게 이상하다고 생각할 수도 있어요. 하지만 세금을 내는 건 대한민국 국민이라면 누구나 이행해야 하는 의무 중 하나예요. 아직 선거로 목소리를 낼 수는 없지만, 부가가치세를 냄으로써 국민의 의무를 지켰으니 자랑스러운 일인 셈이지요.

 나라에 따라 부가가치세율이 달라요.

나라	부가가치세율	나라	부가가치세율
덴마크	25%	벨기에	21%
스웨덴	25%	프랑스	20%
노르웨이	25%	영국	20%
이탈리아	22%	**한국**	**10%**
네덜란드	21%	일본	10%

세상에는 거짓말 같은 이상한 세금이 있었어요!

 창문세

 영국

먼 옛날 영국에서 정말로 있었던 세금이에요. 17세기 영국에서는 창문에 쓰이는 판유리의 값이 아주 비쌌다고 해요. 그래서 창문이 큰 집에 사는 사람은 분명 부자일 거라고 판단해서 도입한 세금이라고 합니다. 당시 영국에서는 '창문세'를 내기 싫어서 창문을 막는 사람도 있었다고 하네요.

 수염세

 러시아

러시아 황제 표도르 1세(1557년~1598년)는 서유럽에서 공부하면서 유럽 선진국에서는 남자들이 대부분 수염을 깎고 다닌다는 것을 알게 됐어요. 하지만 당시의 러시아에서 수염은 남자다움의 상징으로 여겨 기르는 사람이 많았답니다. 표도르 1세는 공부를 마치고 러시아로 귀국한 후, 유럽 선진국을 본떠 수염을 깎을 것을 권장했고, 더 나아가 수염을 기른 사람에게 세금까지 매겼다고 해요. '수염세'를 내지 않으면 경찰관에게 강제로 수염을 깎였다고 해요.

 정체세

 영국

도로 정체 문제가 심각했던 런던에 도입된 세금으로 지금도 계속 거두고 있답니다. 런던 시내의 특정 장소를, 특정 시간대에 통행할 때 세금을 매기는 방식이에요. 하지만 전기 자동차나 휘발유와 전기를 함께 연료로 사용하는 하이브리드 자동차처럼 배기가스를 적게 배출하는 친환경 자동차에는 세금을 부과하지 않아요. 지구 환경을 위해 부과된 세금이라고 할 수 있답니다. 이 세금을 도입한 후에는 런던 시내의 차량 정체가 다소 해소됐다고 해요.

신기한 세금 4 반려견세

독일

독일에서는 개를 키우는 사람에게 마릿수만큼의 세금을 걷고 있어요. 반려견세를 내면 반려견의 이름표를 주는데, 그 이름표를 의무적으로 목줄에 달아야 해요. 반려견세로 거둔 세금은 개똥으로 더러워진 마을을 청소하는 데 쓰인다고 합니다. 혹시 반려견을 잃어버려도 이름표가 있어 쉽게 찾을 수 있다고 해요. 유럽에는 반려견세를 도입한 나라가 많답니다.

신기한 세금 6 지방세

덴마크

덴마크에서는 '지방세'가 도입되었던 시대가 있었어요. 2.3퍼센트 이상의 포화지방산을 함유한 버터와 치즈 같은 식품에 과세했던 세금이었다고 해요. 일반적으로 '버터세'라고 했는데 식료품값이 뛰어오르면서 국민의 불만이 높아지자 약 1년 만에 폐지했다고 해요.

신기한 세금 5 독신세

불가리아

지금은 폐지됐지만 예전의 불가리아에서 독신세를 도입한 적이 있었어요. 독신으로 사는 사람에게는 무려 수입의 5~10퍼센트의 세금이 부과됐다고 합니다. '독신세'는 그 당시 불가리아의 낮은 출산율이 심각한 문제로 떠오르면서 정부가 내놓은 해결책이었다고 해요. 효과도 거의 없을 뿐만 아니라 국민의 불만이 커서 폐지됐다고 하네요.

신기한 세금 7 겁쟁이세

영국

아주 오래전에 영국에 실제로 있었던 세금이랍니다. 왕을 위해 싸우지 않은 사람에게 부과했던 세금이라고 해요. 초기에는 그리 큰 액수가 아니었지만 300년의 역사가 흐르면서 액수가 점점 커졌다고 합니다. 심지어 겁쟁이에 대한 해석이 '1년간 싸우지 않은 병사'로까지 확대됐다고 해요. 오늘날 나라에서 이런 세금을 걷는다면 어떨까요? 정말 어이가 없겠죠?

실현되지는 않았어도 가축의 방귀에 세금을 부과하는 계획도 있었다고 해요.

✦ 사회 보장 제도 ✦

감기에 걸려 병원에 가면 나와 엄마의 병원비가 달라요.

한국에는 사회 보장 제도가 있기 때문이에요.

엄마보다 내 병원비가 더 저렴해요.

아무리 조심해도 몸이 아프거나 다치는 일이 생겨요. 또 누구나 나이가 들면 일을 할 수 없게 되고요. 그럴 때 나라에서 국민의 건강과 삶의 질을 유지할 수 있도록 보장해 주는 제도가 바로 '사회 보장'이랍니다. 사회 보장 제도에는 세 가지 체제가 있어요. 하나는 '사회 보험'이에요. 사회 보험은 병이 나거나 다쳤을 때, 일자리를 잃었을 때, 그리고 나이가 들어 일할 수 없게 됐을 때 돕는 방식이에요. 건강 보험과 고용 보험, 국민연금, 산업 재해 보험이 여기에 해당해요.

또 다른 하나는 '공공 부조'예요. 공공 부조란, 어떤 사정으로 수입이 적은 사람들을 돕기 위한 제도예요. 생계 보호, 재해 보호, 의료 보호가 있어요. 마지막으로 '사회 복지 서비스'는 나이 많은 노인이나 장애인처럼 자립이 어려운 사람을 지원하는 제도예요.

사회 보장 제도

사회 보험
보험료를 미리 내고 필요할 때 지급받는 제도
★ 건강 보험 ★
★ 고용 보험 ★
★ 연금 보험 ★
★ 산업 재해 보험 ★

공공 부조
생활이 어려운 사람에게 최소한의 생계를 보장해 주기 위한 제도
★ 생계 보호 ★
★ 재해 보호 ★
★ 의료 보호 ★

사회 복지 서비스
고령자와 사회적으로 약한 처지에 있는 사람들을 위한 제도
★ 아동 복지 ★
★ 노인 복지 ★
★ 가정 복지 ★
★ 장애인 복지 등 ★

✦ 연금 제도 ✦

연금은 지금까지 나라를 지탱해 준
할머니 할아버지를 젊은이들이 지원하는 제도예요!

한국의 연금 제도는 고령이 된 후에 받는 생활비만이 아니에요.
비상시에 도움을 주는 중요한 제도랍니다.

사람은 누구나 살다 보면 어려운 일을 겪어요. 사회 보장 제도는 어려운 일이 생겼을 때 도움을 받거나, 도움을 주기 위한 제도예요. 연금 제도도 마찬가지랍니다. 연급 제도는 한창 일할 나이의 젊은이들이 지금껏 나라를 지탱해 온 노인분들을 지원하는 제도랍니다. 지금 노인이 된 분들도 젊었을 때에는 연금을 내 그 당시의 노인을 지원했답니다.

　한국에서는 만 18세 이상~60세 미만의 소득이 있는 국민이면 국민연금에 가입하게 돼 있어요. 연금에는 일정한 나이가 된 노인에게 지급하는 '노령 연금' 외에도 '장애 연금'과 '유족 연금'도 있답니다. 장애 연금은 질병이나 부상으로 장애가 남았을 때 지급해요. 유족 연금은 국민연금에 가입한 사람이 사망했을 때 유족에게 지급하는 연금이에요. 국민연금은 생각보다 다양한 방면으로 국민을 돕고 있어요. 그리고 우리가 도운 만큼 언젠가 더 크게 도움을 받을 수 있는 제도랍니다.

국민연금

노령 연금
정해진 나이가 되면 지급하는 연금으로, 가장 일반적인 연금이에요. 노후 생활을 지원하는 중요한 제도랍니다.

장애 연금
사고나 질병 등으로 국가가 인정하는 장애를 입은 사람에게 지급하는 연금이에요. 사고나 질병의 위험은 누구에게나 따른답니다.

유족 연금
국민연금 가입자가 사망했을 때 유족에게 지급하는 연금이에요. 단, 가입자가 사망했을 때의 나이 등에 제한이 있답니다.

용돈 모으기 대작전!

용돈으로 돈을 계획적으로 쓰는 연습을 해 봐요!

　용돈은 여러분이 처음으로 자유롭게 쓸 수 있는 돈이에요. 용돈의 액수는 집집마다 조금씩 다를 거예요. 하지만 '매달 5,000원을 받더라도 계획적으로 쓰는가?', '아무 생각 없이 곧장 갖고 싶은 물건을 사는가?'에 따라 1년 후에는 엄청난 차이가 난답니다. 용돈은 물건을 사려고 받는 돈이 아니에요. 그렇다고 목적도 없이 그저 모으기 위해 받는 돈도 아니고요. 중요한 것은 계획이랍니다. 매달 돈을 계획적으로 쓰는 연습을 하기 위해 용돈이 있는 거예요.

　그럼, 어떻게 하면 돈을 계획적으로 쓸 수 있을까요? 용돈 기입장에 그날그날 쓴 금액을 꼼꼼하게 기록하는 방법이 있어요. 하지만 금세 싫증 나서 포기해 버리는 경우가 있지 않나요? 그래서 추천하는 방법이 바로, 매달 받은 용돈을 네 개의 저금통에 나눠 관리하는 방법이랍니다. 저금통은 집에 있는 빈 병이나 재활용품으로 직접 만들면 돼요. 저금통에 귀여운 그림을 그리거나 예쁘게 꾸민다면 만드는 재미도 맛볼 수 있겠죠?

　네 개의 저금통은 저마다 역할이 있답니다. 첫 번째는 '모으는 돈', 두 번째는 '쓸 돈', 세 번째는 '남을 위해 쓰는 돈', 그리고 네 번째는 '불리는 돈'이에요. 용돈을 네 가지 용도로 분류할 때는 계획을 세워 비율을 정해야 해요. 참, 여기서 '불리는 돈'은 가족의 도움이 필요해요. 이 저금통에는 가족이 이자를 조금씩 붙여 줘야 하니까요. 돈을 모으는 습관과 불려 나가는 감각을 함께 익혀 보세요.

용돈 관리에도 여러 가지 방법이 있어요!

❶ 용돈 기입장을 쓴다!

문구점에서 파는 용돈 기입장도 좋고, 직접 만든 것도 좋아요. 사용한 돈의 액수와 내용과 날짜를 꼼꼼히 기록하면 내가 어디에 얼마를 썼는지 한눈에 파악할 수 있답니다.

❷ 영수증을 보관한다!

용돈 기입장을 쓰기 귀찮은 사람에게 추천하는 방법이에요. 물건을 사고 받은 영수증을 날짜별로 분류해서 보관해 두는 것만으로도 용돈 관리를 할 수 있답니다.

하지만 이것마저 귀찮다면,
4개의 저금통으로 분류하는 방법을 추천!

모으는 돈: 쓰지 않고 모으는 돈이에요. 몇 달치를 모아 한 달치 용돈으로는 살 수 없는 값비싼 것을 살 수 있어요.

쓸 돈: 지금 갖고 싶은 물건이나 당장 필요한 곳에 쓰기 위한 돈이에요. 모으기만 하지 않고 꼭 필요하거나 갖고 싶은 것을 사는 것도 중요해요.

남을 위해 쓰는 돈: 부모님이나 할머니, 할아버지 또는 형제자매 등 소중한 사람의 생일이나 기념일에 선물할 물건을 살 때 쓰는 돈이에요.

불리는 돈: 심부름으로 자투리 돈을 넣거나 가족의 도움을 받아 금융 기관에 맡겨 공부해 부는 것두 좋겠죠?

4개의 저금통 작전으로 익힌 계획적인 돈 관리는 어른이 된 후에도 도움이 돼요!

모으는 돈
→ 어른이 되면
저금이 돼요.
비상시를 대비하여, 나아가 큰 물건을 사기 위해서도 저금은 중요해요.
적게라도 꾸준히 모으면 큰 돈이 된답니다.

쓰는 돈
→ 어른이 되면
생활비가 돼요.
집세와 전기 요금, 수도 요금, 식비 등 생활비와 기분 전환을 위한 유흥비예요. 일상 생활에 꼭 필요한 돈이에요.

남을 위해 쓰는 돈
→ 어른이 되면
세금, 사회 보장, 기부가 돼요.
세금과 사회 보장은 남을 위한 돈이기도 하지만, 결국은 돌고 돌아 나를 위한 돈이 된답니다.

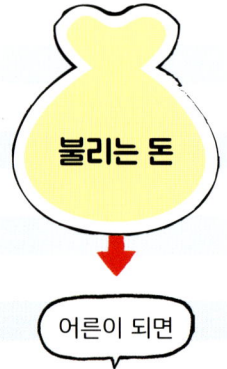
불리는 돈
→ 어른이 되면
투자가 돼요.
어른이 되면 투자에 쓰는 돈이에요. 돈은 모으거나 쓰는 것도 중요하지만, 불리는 것도 중요해요.

'투자는 사람을 위해서 쓰는 돈'이라고 할 수 있어요!

여기서는 투자를 '불리는 돈'이라고 설명했지만, 투자는 사실 '남을 위해서 쓰는 돈'이기도 해요. 예를 들면 주식 투자는 그 회사가 성장함으로써 사회가 더 좋아질 거라고 생각하고 응원하는 방법 중 하나잖아요? 투자의 진정한 의미는 '응원'이랍니다.

돈에 대해 깊이 생각해 보고, 돈을 진지하게 대하는 자세가 중요하답니다.

사람을 행복하게 하면서 돈을 벌고,
사람을 행복하게 하면서 돈을 불리며,
돈을 제대로 쓰는,

멋진 어른이 됩시다!

사람이 살아가는 데 돈은 매우 중요해요. 그런데 돈만 벌 수 있다면 무슨 일이든 다 해도 될까요? 돈만 벌 수 있다면 어떤 방법으로든 불려도 될까요? 혹시 그렇게 생각하는 사람이 있다면 슬픈 일이에요. 자신이 좋아하는 일을 하면서 돈을 벌 수 있다면 진정으로 행복한 인생이겠죠? 그리고 자신이 좋아하는 일을 해서 사회가 좋아진다면 그보다 기쁜 일은 없을 거예요.

투자로 돈을 불릴 때도 이익이 난다고 무조건 좋은 것은 아니랍니다. 자신이 응원하는 회사가 성장함으로써 더 좋은 사회가 되기를 바라는 마음을 가져야 해요. 일이든 투자든 생각과 마음이 가장 중요한 거예요. 올바른 생각과 선한 마음으로 돈을 버는 어른, 참 멋지지 않나요?

찰리 채플린
(1889년~1977년)

영국의 코미디언.

> 인생은 두려워하지만 않는다면 정말 멋진 것이다.
> 그러기 위해선 용기와 상상력, 그리고 약간의 돈만 있으면 된다.

> 부를 얻는 데 절망한 사람이 부를 경멸한다. 그런 사람이 우연히 부를 얻게 되면 이들만큼 상대하기 어려운 사람은 없다.

프랜시스 베이컨
(1561년~1626년)

영국의 철학자이자 정치가.

서머셋 몸
(1874년~1965년)

영국의 극작가이자 소설가.

> 돈은 바닥이 없는 바다와도 같은 것이다. 양심도 명예도 거기에 빠져서 결코 떠오르지 않는다.

벤자민 프랭클린
(1706년~1790년)

미국의 정치인.

> 돈이 인생의 전부는 아니다. 하지만 돈이 없는 인생 역시 인생이라고 할 수 없다. 돈이 충분하지 않으면 인생의 가능성 중 절반은 닫혀 버린다.

> 부는 바닷물과 같은 것이어서 마시면 마실수록 목이 마르다.

아르투르 쇼펜하우어
(1788년~1860년)

독일의 철학자.

존 로크
(1632년~1704년)
영국의 철학자.

> 수입은 신발과 같다.
> 너무 작으면 꽉 죄어 갑갑하게 만들고,
> 너무 크면 헛디뎌서 넘어지게 만든다.

마르쿠스 툴리우스 키케로
(기원전 106년~43년)
로마의 정치가이자 철학자.

> 세상의 부에서 얻은 불행보다
> 더 큰 불행은 없다.

> 돈을 너무 많이 갖고 있다는 건,
> 너무 적게 갖고 있는 것보다
> 괴로운 일이다.

> 정당한 소유는 인간을 자유롭게 하지만,
> 지나친 소유는 소유 자체가 주인이 되어,
> 소유자를 노예로 만든다.

프리드리히 니체
(1894년~1989년)
독일의 철학자.

하인리히 하이네
(1797년~1856년)
독일의 시인.

마릴린 먼로
(1926년~1962년)
미국의 배우이자 모델.

> 돈이 필요한 것이 아니에요.
> 다만 멋진 여자가 되고 싶을 뿐이죠.

> 돈이 없어서 아무것도 할 수 없다는 사람은
> 돈이 있어도 아무것도 할 수 없다.

고바야시 이치조
(1873년~1957년)
일본의 기업가이자 정치가.

> 돈을 위해 일해 온 것이 아니다.
> 돈으로 사고 싶은 것은 금방 바닥이 난다.

스티브 잡스
(1955년~2011년)
미국의 기업가. '애플'의 공동 창립자 중 한 사람.

행복한 어른이 될 여러분에게 보내는 메시지!

1

돈과 행복은 밀접한 관계가 있어요.
하지만 돈이 많으면 행복하다는 공식은 성립하지 않아요.
나에게 맞게 돈을 쓰고, 돈을 벌고,
살아가는 방법을 찾아서 행복한 인생을 보내도록 해요!

2

투자란 돈을 불리는 것만을 의미하지 않아요.
나에게 투자해서 나만의 특기를 갈고 닦으며 성장하길 바랍니다.
자신의 특기를 살려 이 사회에 보탬이 되는 일을 하는
어른이 되는 것도 훌륭한 투자랍니다.

3

나의 미래를 스스로 결정하고
나아갈 수 있는 어른이 되기를 바랍니다!
그러기 위해서는 사회와 돈에 관한
다양한 지식을 쌓는 게 중요하겠죠?

4

돈의 기능은 아주 다양해요.
돈과 잘 지낼 수 있는 어른은 정말 멋지답니다!
나의 관심사와 도전하는 마음과 돈의 속성을 잘 섞어
'되고 싶은 나'를 향해 힘차게 나아가는
여러분이 되길 바랍니다.

5

여러분은 무한한 가능성이 있어요.
상식에 사로잡히지 말고, 실패를 두려워하지 말고
계속 시도해 보세요! 세상에는 직접 해 보지 않으면
알 수 없는 일이 아주아주 많답니다.

돈과 좋은 관계를 만들어 봐요!

　학교에서는 돈에 관한 이야기를 무척 조심스럽게 다룹니다. 하지만 사회에 나가면 돈은 생각보다 훨씬 더 중요하답니다. 일하고 받는 것도 돈이고 갖고 싶은 것을 사는 것도 돈이에요. 여러분이 어른이 됐을 때, 살아가는 데 무엇보다 중요한 것이 바로 돈이지요. 조금 이상하게 들릴 수도 있지만, 그래서 돈과 잘 지내기는 참 어렵답니다.

　돈에 지나치게 겁을 먹고 아무것도 도전하지 않는 어른이 된다면 정말 슬픈 일이에요. 하지만 반대로 돈을 벌 생각만 하고, 사람을 배려하지 않고, 돈을 좇는 데만 인생을 거는 어른이 된다면 그 또한 슬픈 일이랍니다.
　돈은 어디까지나 여러분이 행복한 인생을 보내는 데 도움을 주는 존재일 뿐이거든요.

그런 돈과 좋은 관계를 맺기 위해서는 돈과 경제를 제대로 아는 것이 중요하답니다. 《열 살, 꿈이 이루어지는 경제 습관》이 그 첫걸음에 조금이라도 도움이 되기를 바랍니다. 절대 돈만으로 인생이 행복해지지 않지만 바른 마음으로 돈과 잘 지낸다면 돈이 여러분의 행복을 방해하는 일은 없을 거예요.

더 좋은 사회를 만들고, 사람을 행복하게 만드는 돈을 제대로 벌고, 불리고, 쓰는 어른이 되기를 바랍니다. 무엇보다도 장차 여러분이 행복한 삶을 누리는 어른이 되기를 진심으로 바랍니다.

아기 요코

10SAI KARA SHITTEOKITAI OKANE NO KOKOROE supervised by Yoko Yagi
Copyright © Ehon no Mori, 2019
All rights reserved.
First published in Japan by Ehon no Mori, Tokyo
Korean translation copyright © Gimm-Young Publishers, Inc., 2021
This Korean edition published by arrangement with Ehon no Mori, Tokyo in care of Tuttle-Mori Agency, Inc., Tokyo through Duran Kim Agency, Seoul.

이 책의 한국어판 저작권은 듀란킴 에이전시를 통한 えほんの杜와의 독점계약으로 ㈜김영사에 있습니다.
저작권법에 의하여 한국 내에서 보호를 받는 저작물이므로 무단전재와 무단복제를 금합니다.

처음 어린이 교양 2
열 살, 꿈이 이루어지는 경제 습관

1판 1쇄 인쇄 | 2021. 7. 14.
1판 1쇄 발행 | 2021. 7. 21.

야기 요코 글 | 란요 그림 | 고향옥 옮김

발행처 김영사 | **발행인** 고세규
편집 김인애 | **디자인** 홍윤정 | **마케팅** 이철주 | **홍보** 박은경 박인지
등록번호 제 406-2003-036호 | **등록일자** 1979. 5. 17.
주소 경기도 파주시 문발로 197(우10881)
전화 마케팅부 031-955-3100 | **편집부** 031-955-3113~20 | **팩스** 031-955-3111

값은 표지에 있습니다.
ISBN 978-89-349-8699-7 73320

좋은 독자가 좋은 책을 만듭니다. 김영사는 독자 여러분의 의견에 항상 귀 기울이고 있습니다.
전자우편 book@gimmyoung.com | 홈페이지 www.gimmyoungjr.com

어린이제품 안전특별법에 의한 표시사항
제품명 도서 제조년월일 2021년 7월 21일 제조사명 김영사 주소 10881 경기도 파주시 문발로 197
전화번호 031-955-3100 제조국명 대한민국 ⚠ 주의 책 모서리에 찍히거나 책장에 베이지 않게 조심하세요.